헬렌 니어링은 자연과 더불어
소박한 전원 생활을 하면서 오히려 도시 사람들보다
풍요롭고 건강한 삶을 살았어요. 돈과 물질 문명을 지나치게
숭배하면 인간의 존엄성이 사라지고, 나라 간에 전쟁이
일어나기도 하지요. 헬렌의 삶은 우리가 사는 동안 반드시
지켜야 할 것들이 무엇인지 돌아보게 합니다. 이 내용은
초등 교과서 〈도덕〉 '깨끗한 환경',
'자연은 내 친구', '자연 사랑' 과 연관됩니다.

추천 감수 **김완기**
- 한국아동문학회 중앙위원장, 한국아동문학연구회 수석부회장,
  국제펜 · 한국문인협회 · 한국저작권협회 회원.
- 초등학교 국어 교과서 집필 · 심의위원, 서울서래초등학교 교장 역임.
- 서울신문 신춘문예 동시 당선.
- 한국아동문학작가상, 한정동아동문학상, 대한민국동요대상 등 수상.
- 동화집 〈내 배꼽이 더 크단 말야〉 등 여러 권,
  동시집 〈엄마, 이게 행복인가 봐!〉,
  이야기책 〈마음이 따뜻한 101가지 이야기〉 등 다수의 어린이 책을 썼습니다.

추천 감수 **이창수**
- 한국문인협회 아동문학분과 회장, 한국아동문예작가회 명예회장,
  한국아동문학회 부회장, 국제펜 회원.
- 어린이 전문 출판사의 편집장, 주간 등 역임.
- 한국아동문예작품상, 한국아동문예상, 한국아동문학작가상, 김영일아동문학상 수상.
- 〈파란 꿈을 먹은 아이들〉, 〈따뜻한 남쪽 나라〉, 〈공포의 진주 동굴〉, 〈우주 여행〉, 〈구조대원 곰돌이〉,
  〈화성인과 아기 도깨비〉, 〈백두산에서 감나무골까지〉, 〈바닷속 동굴에서 만난 사람〉, 〈정수가 위험해〉 등
  200여 권의 어린이 책을 썼습니다.

추천 감수 **송명호**
- 한국아동문학회 회장, 한국문인협회 상임이사,
  국제펜클럽 한국본부 이사.
- 제1회 문화공보부 5월 예술상, 제1회 소년한국 문학상,
  소천아동문학상, 한국문학상, 대한민국문학상, 국제펜문학상 수상.
- 동시집 〈다섯 계절의 노래〉, 동화집 〈명견들의 행진〉,
  영화 시나리오 〈소만 국경〉, 방송극 〈개벽〉,
  장편 아동 소설집 〈전쟁과 소년〉(전5권), 〈똥만지 독도 탐방대〉,
  동극집 〈어린이 살롱 드라마〉와 〈한국 · 세계 위인 전기〉(전집) 등을 썼습니다.

추천 감수 **이상현**
- 한국문인협회 이사, 국제펜클럽 한국본부 감사, 한국아동문학회 수석부회장.
- 조선일보 기자, 서울 교통방송 편성국장, 숙명여대 및 인하대 강사 역임.
- 1962년 경향신문 신춘문예에 동시 당선.
- 1979년 〈현대 시학〉 시 추천 완료.
- 한국문학상, 국제펜문학상, 세종아동문학상, 소천아동문학상, 김영일아동문학상, 한국동시문학상 등 수상.
- 동시집 〈햇빛마을 가는 길〉, 동화집 〈짝꿍〉 등 다수의 어린이 책을 썼습니다.

글 **김선미**
- 서울예술대학교 문예창작과 졸업.
- 취재 전문 그룹 'KDM'에서 기자로 활동.
- 현재 프리랜서 전문 그룹 '라이터스'에서 집필 활동을 하고 있습니다.
- 어린이 책 〈제인 구달〉을 썼습니다.

그림 **허현경**
- 동국대학교 경영학과 졸업.
- 현재 화가들의 모임인 mpqm에 소속되어 그림을 그리고 있습니다.
- 〈수학이 궁금할 때 피타고라스에게 물어봐〉, 〈교과서 밖으로 날아간 생각〉, 〈눈치 삼 년〉 등의
  어린이 책에 그림을 그렸습니다.

■ 〈교과서 큰 인물 이야기〉는 한국아동문학회 회원 550여 분의 문인 선생님들께서 '어린이들에게 바람직한 인성과 가치관을 길러 주며, 쉽고 친절한 문장과 알찬 지식으로 어린이들의 독서 활동에 유익한 도움을 주는 책'으로 추천해 주셔서 한국아동문학회 출판문화대상을 수상했습니다.

교과서 큰 인물 이야기 62 **헬렌 니어링**

펴낸날 2012년 7월 1일 발행 | **펴낸이** 박연환 | **펴낸곳** (주)한국헤르만헤세 | **출판등록** 제17-354호 | **본사** 경기도 성남시 분당구 금곡동 444-148 한국헤르만헤세 빌딩 | **대표전화** (031)715-7722 | **팩스** (031)786-1001 | **고객문의** 080-715-7722 | **편집 책임** 김원선 | **디자인** 장선희, 김영주, 전선아 | **교정** 양은하, 이효선 | **교정 진행** 김진형, 정현희, 김승현, 허영란 | **이미지 제공** 연합포토, 엔싸이버 포토 렌탈, 이미지클릭, 국립중앙박물관 | ⓒ2007 Korea Hermannhesse | 이 책의 저작권은 (주)한국헤르만헤세가 소유하고 있으므로 본사의 동의나 허락 없이 내용이나 그림을 어떠한 방법으로도 사용할 수 없습니다.

주의 본 교재를 던지거나 떨어뜨리지 않도록 주의하십시오. 다칠 우려가 있습니다. 고온 다습한 장소나 직사광선이 닿는 장소에는 보관을 피해 주십시오.

헬렌 니어링
Helen Nearing

글 김선미 | 그림 허현경

한국헤르만헤세

'부자' 보다 '소박하고 조화로운 삶' 을 선택한 자유로운 영혼!

　여러분은 지금 무엇을 갖고 싶은가요? 핸드폰, MP3, 게임 CD?

　그럼 여러분은 지금 무엇을 갖고 있나요? 주위를 한번 둘러볼까요?

　여러분은 이미 많은 것들을 갖고 있어요. 필통에는 필기 도구들이 가득하고, 게임 CD나 자전거를 갖고 있는 친구들도 있겠지요. 그런데도 엄마가 또 다른 뭔가를 사 주지 않아서 속상한 적은 없었나요?

　그런데 이 책의 주인공 헬렌 니어링은 오히려 그 반대랍니다. 왜냐구요? 남보다 훨씬 적게 가졌으면서도 훨씬 행복하게 살았거든요.

　헬렌은 꼭 필요한 것 이외에는 절대 가지려고 하지 않았어요. 연필도 한 자루만 쓰고, 그 연필이 점점 작아지는 것을 보면서 '내가 이만큼 무언가를 쓰고 익혔구나!' 라고 생각했답니다. 또 밥상 가득 차려진 기름진 음식 대신 몇 가지 야채와 과일을 천천히 씹으며 자연의 깊은 맛을 음미했지요.

　헬렌 니어링은 적게 가지려 했고, 오히려 작고 하찮은 것에서 많은 행복을 찾을 수 있다고 해요. 그리고 자신이 느낀 커다란 행복을 다른 사람들에게 나눠 주기 위해 많은 책도 썼습니다.

　헬렌이 적게 가져야 한다고 생각한 건 자연과 생명의 소중함을 깊이 깨달았기 때문이었어요. 내 몸에 상처가 나면 아프듯이 자연도 상처가 나면 아플 거라고 생각했어요. 생명이 있는 모든 것들은 똑같이 소중한 것이니까요.

　여러분, 이제부터 무엇을 더 갖겠다는 욕심을 버리고, 지금 갖고 있는 것들을 소중히 여기고 아껴 쓰도록 해요. 이것이 바로 자연을 사랑하고 나 자신도 아끼는 가장 쉬운 실천 방법이랍니다.

글쓴이　김 선 미

교과서 큰 인물 이야기 62

헬렌 니어링

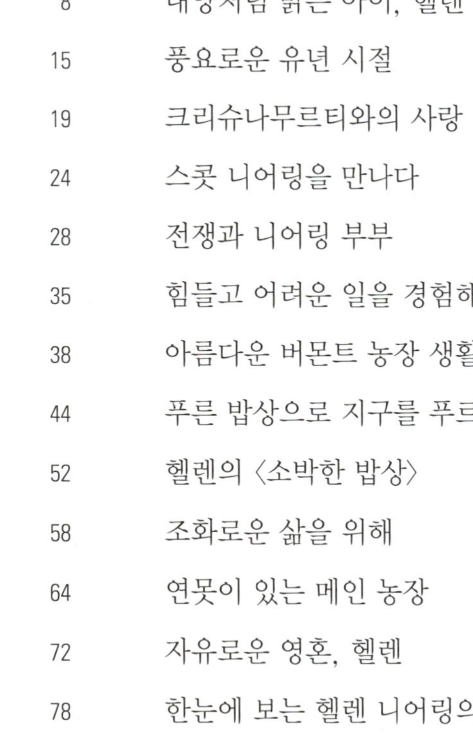

태양처럼 밝은 아이, 헬렌

　헬렌은 살포시 눈을 감았어요. 초록 나뭇잎을 황금빛으로 물들인 태양은 헬렌의 머리 위에서 뜨거운 열기를 토해 내고 있었지요. 눈을 꼭 감으면 감긴 눈 속으로 따뜻한 주황색 빛줄기가 환히 비쳐들어 태양빛을 더욱 잘 볼 수 있었습니다.

　헬렌은 주황색 빛줄기를 가로질러 날개를 활짝 펼치고 날아다니는 한 마리 새를 상상했어요. 그러자 곧 자신의 몸이 공중에 붕 떠오르며, 새처럼 자유롭게 하늘을 나는 것 같았습니다.

　'훨훨 날아라. 뜨거운 태양에 날개가 녹더라도 훨훨 날아라.'

　헬렌은 노래를 부르듯 흥얼거리다가 벌떡 일어나 옷을 벗어 던졌어요. 그리고 곧 새처럼 날갯짓을 하면서 잔디 위를 뛰어가기 시작했습니다.

　높이 떠 있던 태양이 구름 뒤에 잠시 몸을 숨긴 사이, 헬렌이 달리기를 멈추고 정원에 드러누워 숨을 가라앉히고 있을 때였습니다.

"언니, 또 홀딱 벗고 누워 있는 거야?"

어느 사이에 다가온 동생 앨리스가 발로 헬렌의 손가락을 톡톡 건드렸어요.

"너도 이리 와서 누워 봐."

헬렌은 손으로 햇살을 가리고 앨리스를 올려다보며 말했어요.

"언니! 얼른 일어나."

귀여운 앨리스는 헬렌에게 종이 인형을 흔들며 바짝 옆에 붙어 앉았어요. 그건 종이 인형 놀이를 하자는 신호였지요.

헬렌은 마지못해 웃으면서 일어났습니다.

"나는 태양이 너무 좋아."

"나는 언니가 더 좋아."

헬렌은 걷다가 다시 멈춰 서서 하늘을 올려다보았어요. 그 순간 태양이 조금씩 구름 밖으로 얼굴을 내밀었어요. 헬렌은 그 모습이 마치 기적처럼 느껴졌습니다.

'정말 놀랍지 않아? 연기처럼 가벼운 구름이 저토록 밝은 태양 빛을 가릴 수 있다니! 세상은 온통 내가 알 수 없는 기적* 같은 일 들로 가득 차 있어.'

헬렌이 구름과 태양이 주인공인 상상 속으로 빠져들려고 하자 동생 앨리스가 헬렌의 어깨를 흔들었습니다.

"언니, 또 무슨 상상을 하고 있는 거야? 집에 들어가서 종이 인형 놀이나 하자."

헬렌은 쑥스럽게 웃으면서 앨리스의 볼에 살짝 뽀뽀를 했어요. 그리고 앨리스의 손을 잡고 집 안으로 들어갔습니다. 입술을 삐죽

*기적
상식적으로는 생각할 수 없는 기이한 일

내민 앨리스의 표정이 함께 놀아 주지 않으면 금세 토라질 것만 같
았거든요.

"헬렌, 이리 와 보렴."

헬렌은 브라우닝* 시집에 푹 빠져 있어, 아버지가 부르는 소리를
듣지 못했어요. 아버지는 몇 번을 더 부르다가 한숨을 내쉽니다.

'분명 또 책을 읽고 있겠지.'

아버지는 서재*에서 나와 거실로 성큼성큼 걸어갔어요. 아버지의
예상대로 헬렌은 양탄자에 누워 정신없이 책을 읽고 있었어요.

아버지는 걱정스럽다는 듯이 헬렌을 쳐다보았어요. 그러나 한편
으로는 정신없이 책 읽기에 빠져 있는 헬렌의 눈이 태양처럼 밝게
빛나는 것을 바라보며 흐뭇하기도 했지요.

헬렌이라는 이름은 원래 태양의 신 헬리오스*의 이름에서 따 왔
지요. 어스름한 새벽녘에 태양이 떠오를 때처럼 주변이 환해지는
사람이 되라는 뜻으로 엄마와 아빠가 함께 지어 준 이름이에요.

아버지는 헬렌 곁으로 다가가 앉으며 머리를 가만히 쓰다듬어 주
며 말했어요.

"헬렌, 아버지를 위해 바이올린을 연주해 주지 않으련?"

헬렌은 방긋 웃으며 고개를 끄덕였어요.

"아버지, 조금만 기다리세요. 조금만 더 읽고 나서 모차르트* 곡
을 연주해 드릴게요."

"책 읽는 걸 조금만 줄이면 안 되겠니?"

"아버지, 그럼 다섯 살 제 생일 때 〈아이들의 시간〉이라는 시집을
선물하지 말았어야죠? 그때 그 시집을 읽고 책 읽는 재미에 푹 빠
져 버렸잖아요."

헬렌은 짓궂게 웃으며 아버지를 바라보았어요. 아버지는 못 당하

겠다는 듯이 고개를 절레절레 흔들었습니다.

　헬렌은 책벌레라는 별명 외에도 '바이올린 신동*'이라는 별명도
가지고 있었어요.

　한번은 헬렌이 어렸을 때 네덜란드에 사는 사촌이 헬렌의 집에
놀러 왔어요. 그때 사촌은 바이올린을 배우는 중이었습니다. 어린
헬렌은 처음 만져 보는 바이올린이 너무 신기해 사촌을 흉내내며
바이올린을 연주해 보았어요.

*신동
재주나 슬기가 남다른 아이.

한 번도 바이올린을 배운 적이 없는 헬렌은 사촌을 따
라 '도레미파솔라시도' 음계를 금방 익혔어요. 아버지는
이런 헬렌을 무척 대견해 하며 곧바로 헬렌에게 바이올린을
가르쳤어요. 헬렌의 실력은 하루가 다르게 늘어서, 열두
살 때에는 마을회관에서 사람들을 모아 놓고 작은
연주회를 열기도 했어요.

헬렌은 모차르트와 브람스*의 곡을 제일 좋아했답니다.

헬렌이 바이올린을 연주할 때면 아버지는 그 연주에 맞춰 노래를 부르곤 했어요. 아버지는 자신이 이루지 못했던 음악가의 꿈을 헬렌이 대신 이루어 주기를 은근히 바랐습니다.

헬렌도 아버지의 희망처럼 바이올린 연주자의 꿈을 키우려고 노력

▲ 리지우드 고등학교 시절의 헬렌.

했어요. 하지만 자라면서 점점 다른 곳에 관심을 갖게 되었지요.

'세상은 너무 신비로워. 눈에 보이는 것 뒤에는 훨씬 더 많은 것들이 숨어 있을 거야. 사람의 몸 속에 영혼*이 숨쉬고 있는 것처럼 저 소나무에도 영혼이 있을지 몰라. 나는 생명을 소중하게 여기며 살고 싶어.'

궁금한 것들이 너무 많아진 헬렌은 닥치는 대로 책을 읽었습니다. 시를 읽으면 세상의 이치*를 깨달을 수 있었고, 공상과학 소설*을 읽으면 우주의 신비에 흠뻑 빠져들게 되었답니다. 책 속에서는 늘 신나고 흥미로운 세상이 펼쳐져 있었어요.

헬렌은 책을 읽다가 기억해 두고 싶은 멋진 구절이나 문장이 있으면 따로 노트에 옮겨 적어 놓는 습관이 있었어요.

이런 습관은 어른이 되고 난 뒤에도 연구를 하거나 책을 쓸 때 큰 도움이 되었답니다.

풍요로운 유년 시절

헬렌 니어링은 1904년, 미국 뉴욕에서 태어났습니다. 결혼하기 전의 이름은 헬렌 노드였어요.

아버지 프랭크 노드는 성공한 사업가였고, 학문과 예술에 관심이 많았어요. 멋진 테너* 목소리를 지닌 아버지는 음악을 무척 사랑하는 사람이었지요. 어머니 마리아 오브린은 네덜란드에서 태어나고 자란 화가였어요.

헬렌의 부모님은 다른 사람들과는 좀 다른 면이 있었어요. 그들은 사람도 동물이므로 같은 동물을 먹을 수 없다는 생각을 갖고 있었지요. 그래서 야채와 과일, 그리고 곡류 같은 식물성 음식만 먹는 채식주의자였습니다.

헬렌의 부모님은 헬렌의 오빠 알렉과 헬렌, 그리고 막내 앨리스가 태어나자 뉴욕을 떠나기로 결심했어요.

"여보, 뉴욕 같은 대도시는 아이들을 키우기에 적당한 곳이 아닌 것 같아요. 자연과 더불어 살 수 있는 곳으로 이사를 갑시다. 아이들이 더 쾌적하고 건강한 환경에서 자랄 수 있도록 말이에요."

헬렌의 가족들은 뉴저지 주에 있는 시골 마을로 이사를 갔어요. 새로 이사 간 나무로 지어진 단층집에는 벽난로가 있는 거실이 있었고, 거실에는 많은 책을 꽂아 두었습니다.

널찍한 베란다를 나오면 시원하게 펼쳐진 푸른 잔디밭과 빽빽하게 우거진 소나무 숲이 있었지요.

아버지는 원래 동양 문화에 관심이 많아서, 마루에는 아라비아 산 양탄자를 깔고, 벽에는 일본 그림을 걸어 두었어요.

당시 헬렌의 부모는 미국인들 중에는 보기 드물게 신지학회*라는 생소한 종교 모임에 소속되어 있었습니다. 두 사람은 그 모임에서 만나 결혼까지 하였지요.

헬렌의 부모는 음악과 예술을 즐기고 사랑하는 분들이었고, 사회 봉사 활동에도 많은 관심을 기울였어요. 헬렌의 아버지는 지역 적십자사*의 책임자였고, 어머니는 동물학대 방지협의회의 책임자로 일했습니다.

그들은 커다란 농장을 가꾸며, 그곳에서 화학 비료*를 쓰지 않은 신선하고 건강에 좋은 먹을거리들을 얻었어요.

또한 그들은 그 시대의 바쁘게 살아가는 미국인들과는 달리 시간이 날 때마다 차분히 명상*을 하곤 하는 느긋한 생활을 즐겼습니다.

이러한 부모님의 영향을 가장 많이 받은 아이는 형제들 중에 바로 헬렌이었어요. 헬렌은 어릴 때부터 고기를 먹지 않고, 부모님의 식사법에 따라 과일과 야채, 그리고 흑설탕을 약간 넣은 통밀빵만을 먹었어요.

그러나 이웃집에 놀러 가면 오빠 알렉과 여동생 앨리스는 부모님 모르게 계란이나 생선을 먹기도 했답니다.

또한 헬렌은 부모님이 사회 활동을 하시는 모습을 어깨 너머로 보면서 자신도 역시 사회에 도움이 되는 사람이 되어야겠다고 다짐했습니다.

* 신지학회
신비주의에 관심을 기울이는 종교 철학. 이 상한 신비적 체험이나 특별한 계시에 의하여 보통 신앙이나 추론으로는 알 수 없는 신의 심오한 본질이나 행위에 관한 지식을 가진 철학적 · 종교적 사상을 말해요.

* 적십자사
적십자 조약에 따라 설립된 국제적인 민간 조직. 1863년 나이팅게일의 뜻을 이어 뒤낭이 발의하고 1864년 16개국이 참가하면서 시작되었어요. 전쟁 때에는 부상자의 간호 · 포로의 송환 · 난민과 어린이의 구호를, 전쟁이 없을 때에는 재해 · 질병의 구조와 예방을 목표로 하지요.

* 화학 비료
화학적으로 처리하여 만든 인공 비료. 질소 비료, 인산 비료, 칼륨 비료, 복합 비료 따위가 있어요.

* 명상
고요히 눈을 감고 깊이 생각함, 또는 그런 생각.

하지만 별 어려움 없이 어린 시절을 풍요롭게 지낸 헬렌의 생각
은 아직 단단하게 여물지 못했어요.

부모님은 헬렌에게 공부를 잘해야 한다는 부담을 주지 않았습니
다. 그래서 헬렌은 리지우드 고등학교에 다닐 때 학생회 일을 하거
나, 교내 신문에서 편집* 일을 하는 등 여러 가지 활동을 했어요.

학교 친구들에게 그런 헬렌은 좀 괴짜로 보였습니다. 공부에만
매달리지 않으면서 자기가 하고 싶은 일을 열정적으로 하고, 바이
올린을 굉장히 잘 켜며, 야채만 먹는 아이……

부모님 역시 헬렌에게는 엉뚱한 구석이 있다고 생각했어요.

크리슈나무르티와의 사랑

    헬렌이 고등학교를 졸업할 무렵, 부모님은 헬렌이 훌륭한 바이올린 연주자로 성공해 줄 것을 기대하며 유럽 유학을 권유했어요. 헬렌 역시 훌륭한 선생님 밑에서 바이올린을 본격적으로 배우고 싶어 했지요.

    1921년, 학교를 졸업한 지 2주가 지난 뒤 헬렌은 어머니와 함께 바다를 건너 유럽으로 갔어요. 도착한 곳은 네덜란드의 로테르담이라는 도시였어요.

    새로운 세상 앞에 선 헬렌은 그동안의 꿈이 무한한 가능성으로 자신의 인생에 다가오는 느낌을 받았어요.

    그러던 어느 날 어머니는 헬렌을 파리에 있는 신지학회에 데려갔어요.

▲ 크리슈나무르티(1895~1986)
인류의 메시아로 지목되어 '별의 교단'의 지도자가 되었다가, 1929년 깨달음을 얻어 별의 교단 해체 선언을 통해 모든 영적인 권위를 부인하고 스스로 진리 탐구에 애쓴 사람이에요.

◀ 고등학교 친구들과 함께.

그곳에서 헬렌은 크리슈나무르티를 처음 보게 됐어요. 그는 보통 키의 마른 체격을 지닌 인도 사람이었습니다.

거무스름한 피부, 윤기가 흐르는 검은 머리칼, 매부리코, 진한 쌍꺼풀이 진 눈, 그리고 예민해 보이는 입술…….

헬렌은 그가 잘생긴 청년이라고 생각했지만 첫눈에 반한 것은 아니었어요.

크리슈나무르티는 신지학회에서 세계를 지도할 '위대한 스승' 으로 뽑혔지요. 그때 수줍음을 타며 연설을 하는 그에게 좀 관심이 끌린 정도였어요.

헬렌은 어머니와 함께 암스테르담에 가게 되었어요. 그곳에서 공부하기 위해 몇 년 동안 머무를 집을 구했습니다.

새로운 환경과 말에 익숙해질 무렵, 헬렌은 네덜란드에서 제일 유명한 바이올린 교수인 루이스 치머만의 제자가 되는 행운을 누리게 되었습니다.

'치머만 교수가 나를 제자로 받아준 걸 보면 내게 재능이 있기는 한가 봐.'

바이올린 연주자가 되어 청중 앞에서 연주하는 미래의 자기 모습을 떠올리며 헬렌은 가슴이 두근거렸습니다.

바이올린 공부를 본격적으로 시작하기 전에 헬렌은 네덜란드 북쪽에 있는 오멘으로 여행을 갔어요. 거기에는 '꿈을 실천하는 사람들'이라는 캠프*가 열리고 있었지요. 헬렌은 이 모임에 참가해서 잘 적응을 했어요.

모임에는 헬렌 또래의 젊은이들이 많았습니다. 헬렌은 그들과 명상을 하기도 하고 숲에 들어가 풀 위에 누워 시를 읊기도 했어요.

그런데 며칠 후 그곳에 크리슈나무르티도 왔어요. 헬렌은 크리슈나무르티와 어울려 지내는 일이 많았어요.

그와 함께 산책하며 이야기를 나누거나 들판을 돌아다녔어요. 그러는 동안 헬렌은 진실하고 순수한 열정이 넘치는 크리슈나무르티에게 점점 빠져들었습니다.

그런 중에도 헬렌은 무엇보다 중요한 바이올린 공부를 결코 소홀히하지 않고 매일 악보를 보며 하루에 몇 시간씩 연습을 했어요.

캠프 생활을 시작한 지 일주일이 지난 어느 날이었어요. 크리슈나무르티는 헬렌을 모래 언덕 위로 데리고 갔지요.

그날은 둘이 함께할 수 있는 마지막 날이었습니다. 크리슈나무르티는 손수건으로 얼굴을 가렸어요. 그러고는 떨리는 목소리로 사랑을 고백했습니다.

▲ 네덜란드의 수도 암스테르담.

*캠프
산이나 들에 지은 임시 막사, 또는 거기서 지내는 생활.

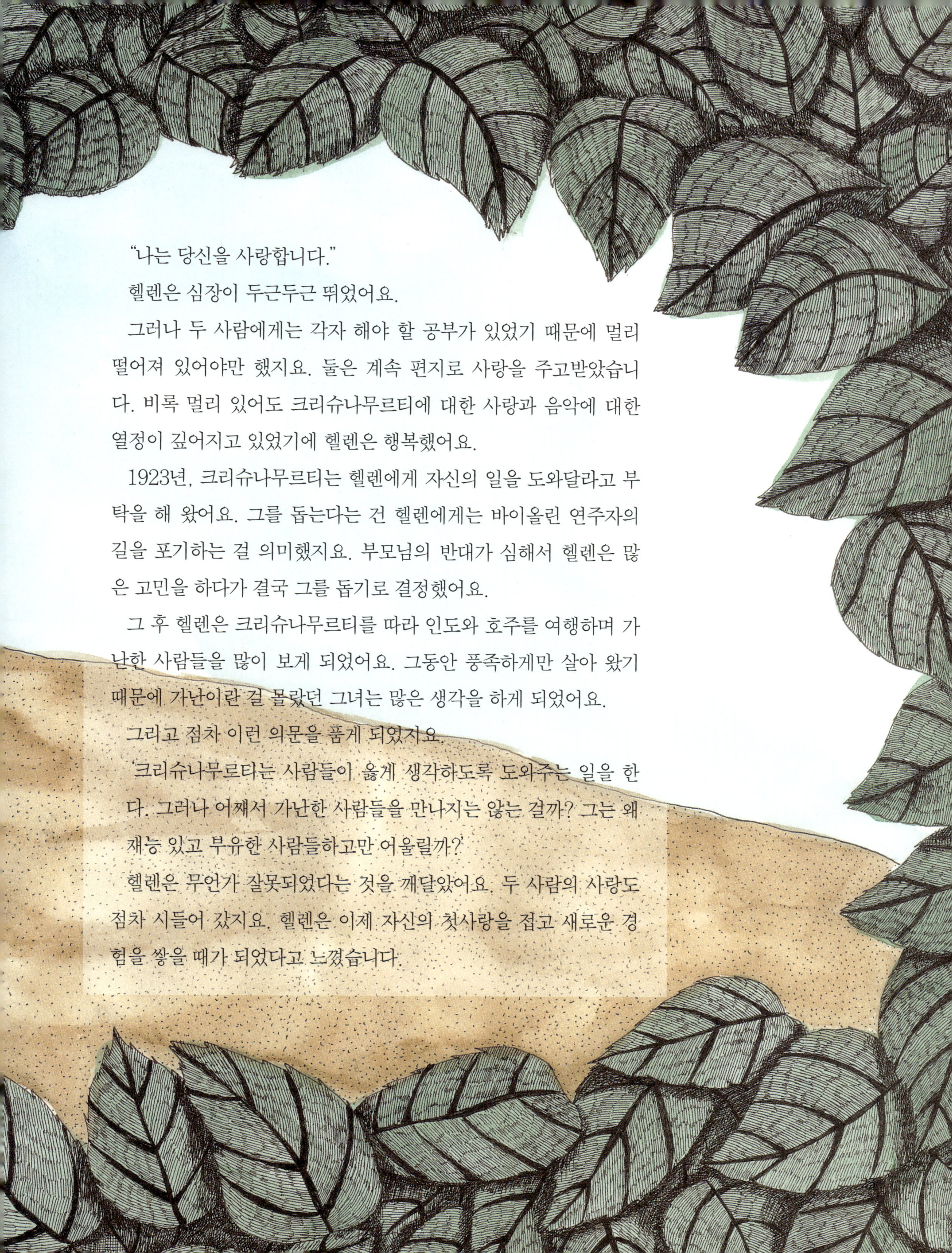

"나는 당신을 사랑합니다."

헬렌은 심장이 두근두근 뛰었어요.

그러나 두 사람에게는 각자 해야 할 공부가 있었기 때문에 멀리 떨어져 있어야만 했지요. 둘은 계속 편지로 사랑을 주고받았습니다. 비록 멀리 있어도 크리슈나무르티에 대한 사랑과 음악에 대한 열정이 깊어지고 있었기에 헬렌은 행복했어요.

1923년, 크리슈나무르티는 헬렌에게 자신의 일을 도와달라고 부탁을 해 왔어요. 그를 돕는다는 건 헬렌에게는 바이올린 연주자의 길을 포기하는 걸 의미했지요. 부모님의 반대가 심해서 헬렌은 많은 고민을 하다가 결국 그를 돕기로 결정했어요.

그 후 헬렌은 크리슈나무르티를 따라 인도와 호주를 여행하며 가난한 사람들을 많이 보게 되었어요. 그동안 풍족하게만 살아 왔기 때문에 가난이란 걸 몰랐던 그녀는 많은 생각을 하게 되었어요.

그리고 점차 이런 의문을 품게 되었지요.

'크리슈나무르티는 사람들이 옳게 생각하도록 도와주는 일을 한다. 그러나 어째서 가난한 사람들을 만나지는 않는 걸까? 그는 왜 재능 있고 부유한 사람들하고만 어울릴까?'

헬렌은 무언가 잘못되었다는 것을 깨달았어요. 두 사람의 사랑도 점차 시들어 갔지요. 헬렌은 이제 자신의 첫사랑을 접고 새로운 경험을 쌓을 때가 되었다고 느꼈습니다.

스콧 니어링을 만나다

1928년, 스물네 살이 된 헬렌은 미국에 있는 집으로 돌아왔어요. 그러나 어린 시절의 친구들은 멀리 떨어진 곳에서 살고 있었고, 새로운 친구들을 사귀기란 더욱 어려웠지요. 그리고 점점 작은 시골 마을의 단조로운 생활에 싫증이 나기도 했습니다. 그녀는 전처럼 날마다 바이올린을 연습하고 가끔 연주회를 열었어요. 그러던 중 헬렌은 유럽에서 그랬던 것처럼 근사한 경험을 하고 싶어졌어요.

어느 날, 헬렌은 아버지의 부탁으로 스콧 니어링에게 전화를 했어요. 헬렌은 열일곱 살 무렵 작은 모임에서 그를 본 기억이 있었어요.

그로부터 일주일 후에 스콧은 헬렌에게 전화를 걸어 왔어요. 길을 안내해 달라는 부탁을 하기 위해서였어요. 헬렌은 스콧에게 길 안내를 해 주느라 하루 종일 돌아다니며 많은 대화를 나누었습니다. 헬렌은 어느새 스콧에게 호감을 느꼈습니다.

'한때 유명한 교수였고 앞서가는 지성인이라고 소문난 사람인데도 참 겸손하구나!'

헬렌은 스콧의 해박*함에 뒤지고 싶지 않아서 그를 만나기 전에는 미리 이것저것 열심히 공부를 해 두었어요.

하지만 스콧은 자신이 알고 있는 지식을 떠벌리는 사람은 아니었습니다. 오히려 헬렌에게 많은 걸 물어 보았지요. 헬렌이 조용한 목소리로 의견을 말하면 스콧은 조용히 귀를 기울여 주었어요.

어느 날 해가 져서 어둑어둑해졌을 때, 헬렌은 앞서 걷다가 뒤로 휙 돌아서서 스콧의 뺨에 기습 뽀뽀를 했어요. 헬렌은 스콧이 자신을 지도하고 이끌어 줄 사람이란 걸 어렴풋이 느꼈던 거예요.

'그래, 이 사람과 함께라면……'

그때 헬렌은 스물네 살, 스콧은 마흔다섯 살이었습니다.

* 해박
학식이 넓고 아는 것이 많음.

25

스콧 니어링은 헬렌에게 가장 소중한 사람이었어요. 스콧을 만나지 못했다면 지금의 헬렌은 아마 없을지도 몰라요. 그만큼 스콧은 헬렌에게 많은 영향을 준 사람이에요.

스콧 니어링은 1883년 8월 6일, 미국 펜실베이니아에서 태어났어요. 스콧은 부유한 집에서 태어났지만 어렸을 때부터 가난하고 불행한 사람들에게 관심이 많았답니다.

스콧은 대학에 다닐 때 할아버지가 운영하는 광산에서 광부로 일하기도 했어요. 스콧은 광부들의 어려운 생활이 자신의 탓인 것만 같았습니다.

'나는 부모님 덕에 잘 먹고 잘 사는데 저 사람들은 하루도 편안한 날이 없구나.'

스콧은 자신의 할아버지와 아버지가 일꾼들에게 적은 월급을 주고 많은 일을 시키는 것이 부끄러웠어요.

스콧은 20대에 촉망*받는 대학교수가 되었어요. 그때 전 세계는 전쟁의 소용돌이에 휘말려 있었습니다.

그는 자신의 생각을 거침없이 발표했어요.

- 정부는 전쟁을 그만둬라! 이 세계 전쟁은 가난한 나라들을 괴롭히는 행동이다!
- 정부는 무기 파는 일을 그만둬라! 젊은이들을 전쟁터에 내보내지 말라!
- 회사들은 노동자를 위해 돈을 투자하라! 노동자들은 불편한 환경에서 무리하게 일하고 있다!
- 부자는 세금을 많이 내라! 사회를 위해 기금을 내라!

스콧은 부지런히 책을 쓰고 연설을 했어요. 스콧은 점점 유명

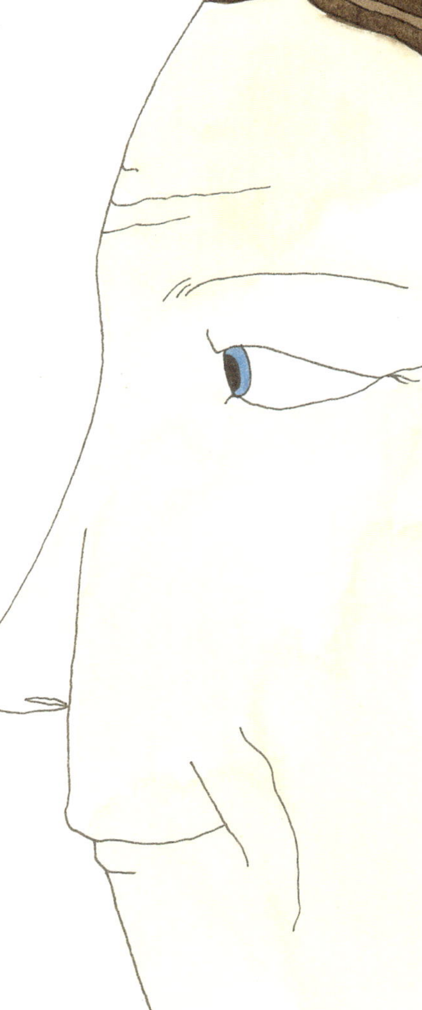

* 사회 복지
국민의 생활 안정과 행복한 삶을 살도록
해 주기 위한 폭넓은 사회적 정책

해져서 스물여섯 살 무렵에는 그의 연설을 듣기 위해 수천 명의 사
람들이 모일 정도였어요.

하지만 제1, 2차 세계대전에서 승리한 미국 정부는 스콧을 눈엣
가시처럼 여겼습니다. 대학에서 스콧을 교수로 채용하는 것을 거
부하자 스콧은 외톨이가 되었어요. 어떤 학교와 기관, 단체나 모
임도 스콧을 받아들이려 하지 않았으니까요.

결국 스콧은 아내와 가족들과도 헤어지게 되었습니다. 스콧의
뛰어난 지식과 지혜, 그리고 사회 복지*를 위해 온몸을 바치려는
열정은 사람들에게 오해를 받아 따돌림을 당하게 되었지요.

스콧은 냉정하게 생각했습니다.

'나쁜 일은 나쁜 거야. 외톨이가 되었다고 나쁜 일을 좋
은 것이라고 거짓말을 할 수는 없어.'

스콧은 자신을 굳게 믿었어요. 생활이 어렵고 불편
하더라도 자신의 신념과 꿈을 포기할 수는 없었지요. 스콧은 전
보다 더욱 엄격한 생활을 했어요.

전쟁과 니어링 부부

　미국은 제1차 세계대전에는 직접 참가하지 않았지만, 무기를 만들어 유럽의 국가들에게 팔았어요. 유럽 국가들은 미국이 만든 무기들을 허겁지겁 사들였어요.

　그 덕분에 미국은 나날이 부자가 되었고, 무기 회사들은 빠른 시간 안에 콩나물 자라듯이 쑥쑥 성장했지요. 게다가 더 많은 무기를 만들기 위해 아이들까지 동원했어요.

　가난한 집안의 아이들은 공장에서 일을 하기 시작했습니다. 더럽고 좁은 공장에서 몇 시간씩 힘든 일을 해도 월급은 아주 적었지요. 어른들의 상황도 마찬가지였습니다.

　날이 갈수록 부자는 점점 더 부자가 되고 가난한 사람은 점점 더 가난해지는 현상이 나타났어요.

　스콧 니어링은 이런 현실에 가슴이 아팠습니다. 그래서 정부와 기업을 비판하는 글을 쓰고 연설을 하기 시작했어요.

　그러다 결국 체포되어 재판을 받게 되었지요. 그는 변호사의 도움 없이 자신의 생각을 주장했어요. 그는 감옥에 가는 것은 겨우 면했지만 더 이상 미국 사회에서 일을 할 수가 없게 되었습니다.

제1차 세계대전이 진행되고 있을 무렵 헬렌은 나이가 어렸어요. 바다 건너 유럽에서 일어난 전쟁의 총성도 들을 수 없었지요. 어쩌면 헬렌의 부모님이 잔혹한 전쟁에 대해 일부러 아이들에게는 말해 주지 않았는지도 몰랐어요.

독일은 제1차 세계대전에서 패했답니다. 전쟁에서 승리한 나라들은 독일에게 전쟁으로 인한 피해에 대해 많은 보상을 요구했어요. 그러자 독일의 경제는 점점 혼란에 빠졌습니다. 이때 나타난 사람이 바로 히틀러예요(33쪽 참조).

독일 국민들은 가난에 허덕였고, 돈을 휴지로 쓸 만큼 돈의 가치는 떨어졌어요. 히틀러는 국민들의 귀와 눈을 홀리게 하는 연설을 했습니다.

독일 국민들은 히틀러를 열광적으로 따랐고 히틀러는 새로운 전쟁을 일으킬 준비를 했어요.

제1차 세계대전이 끝난 지 불과 27년 만에 다시 제2차 세계대전이 일어났어요. 이번에서는 독일, 이탈리아, 일본이 한편이었습니다. 반대편에는 미국, 영국, 프랑스, 소련 등이 있었어요. 그때 우리나라는 일본의 식민지였답니다.

전쟁에 참가한 나라들은 과학자들을 달달 볶았습니다.

"강한 무기를 만들어 내! 많은 사람들을 순식간에 죽일 수 있는 무기를 만들란 말이야!"

과학자들은 군인들의 감시를 받으며 실험실에서 무기를 개발해야 했어요.

마을 하나를 송두리째 파괴시킬 만한 성능을 가진 폭탄, 거북이 등껍질처럼 단단한 탱크, 낮고 빠르게 이동할 수 있는 비행기와 배, 쉼 없이 총알을 뱉어 낼 수 있는 총, 코브라의 독보다 더 강한 독가스 등……. 우리가 지금 가장 두려워하는 핵무기*도 이때 개발되었답니다.

미국은 제2차 세계대전이 일어나자 다시 무기를 팔기 시작했어요. 그러다가 일본이 하와이의 진주만을 습격하자 화가 난 미국도 전쟁에 본격적으로 뛰어들었어요.

미국의 힘은 정말 대단했지요. 미국이 참가하자 연합군 쪽으로 힘이 기울기 시작했으니까요. 얼마 지나지 않아 독일과 이탈리아는 연합군에게 항복했어요.

1945년 8월, 미국은 일본의 히로시마와 나가사키에 두 개의 원자폭탄*을 떨어뜨렸습니다. 마침내 일본이 항복하자 제2차 세계대전은 끝이 났습니다.

니어링 부부는 제2차 세계대전 중에 전쟁을 반대하는 운동을 했어요. 하지만 미국 사람들은 니어링 부부의 말에 귀를 기울이지 않았어요.

125453
U.S ARMY
U.S ARMY
32

히틀러는 독일의 정치가로, 제2차 세계대전을 일으킨 인물이에요.

그는 오스트리아 세관원의 아들로 태어나 린츠 근교에서 자랐어요. 레알슐레라는 실업계 중등학교에 입학하였으나 졸업하지 못했고, 화가가 되기 위해 오스트리아 빈에 있는 미술학교에 1907년, 1908년 두 차례 응시했다가 실패했어요.

그 뒤 빈에서 일정한 직업 없이 유산과 고아연금으로 생활했고, 그림엽서나 광고 그림 등을 그려 수입을 얻기도 했어요.

1914년에 제1차 세계대전이 일어나자 독일군에 자원 입대하여, 바이에른 보병의 전령병으로서 전공을 세워 철십자 훈장을 두 번이나 받았어요.

1918년 독일이 제1차 세계대전에서 패한 후에도 군에 남아 군대 내 공산주의자를 색출하는 위원회 등에서 근무했어요.

1919년 독일노동당('나치스'라고도 해요.)에 입당한 뒤 뛰어난 연설로 대중들을 현혹하여 인기를 얻으며 당세를 확장했어요. 나치스는 권력을 잡기 위해 당시 독일이 처해 있던 경제적 어려움을 이용했지요.

1920년 군에서 제대한 후, 1921년 나치스 임시전당대회를 개최한 뒤 당의 총서기가 되어 실권을 장악했어요.

1923년에는 나라를 전복시키려는 음모를 꾸미다가 실패하여 몇 달 동안 감옥에 갇히기도 했어요. 감옥에서 그는 〈나의 투쟁〉이라는 책을 썼는데, 이 책에 자신의 생각과 계획을 밝혀 놓았지요.

1932년에는 나치스가 독일의 제1당이 되었고, 히틀러는 총리로 임명되어 일당 독재 체제를 확립했어요.

1938년 오스트리아를 합병한 후, 1939년에는 체코슬로바키아를 점령하고 폴란드를 침공하면서 제2차 세계대전을 일으켰어요.

히틀러는 유대 인 말살 정책을 고집하여 수백만 명의 무고한 유대 인을 학살했습니다. 1945년 4월 29일, 소련군의 포위에 갇힌 채 베를린에서 E. 브라운과 결혼한 뒤 이튿날 총통 관저에서 자살했어요.

◀ 〈나의 투쟁〉

히틀러는 이 책에서 위대한 독일을 회복시키고 싶다는 자신의 생각을 밝혀 놓았습니다. 그러기 위해서는 유대 인, 집시 등 열등한 민족과 공산주의자들을 없애야 한다고 주장했어요.

전쟁 덕분에 미국은 갑자기 세계적인 강대국*으로 부상*하게 되었으니까요. 사람들은 오히려 전쟁을 반대하는 니어링 부부를 이상하게 생각했어요.

그러나 전쟁이 보여준 무시무시한 파괴력에 헬렌과 스콧은 인류가 위험하다고 생각했어요. 인류의 미래가 마치 원자폭탄 같은 무기나 첨단 기계 문명에 매달려 있는 것처럼 위태로워 보였거든요.

그래서 더더욱 인간은 생명을 소중히 여기는 순수한 마음을 되찾고, 자연의 품으로 돌아가야 한다고 생각했습니다.

힘들고 어려운 일을 경험해 보세요

헬렌을 처음 만났을 때 스콧은 너무 어려운 상황에 놓여 있었습니다. 스콧은 마치 몹쓸 병을 퍼뜨리는 세균이나 되는 것처럼 사회에서 따돌림을 당하고 있었으니까요. 이런 스콧에게 헬렌은 한줄기 따스한 빛과 같은 존재처럼 다가왔어요.

헬렌의 아버지는 헬렌이 스콧과 가깝게 지낸다는 사실을 알게 되자 화가 머리끝까지 치밀어 헬렌을 만나려고 하지도 않았습니다. 크리슈나무르티를 돕기로 결정했던 데 이어, 헬렌이 아버지를 크게 실망시킨 것은 벌써 두 번째였어요.

헬렌은 아버지를 사랑했기 때문에 더욱 가슴이 아팠어요. 하지만 헬렌은 스콧을 도와주고 싶었습니다. 스콧은 머리만 똑똑한 사람이 아니라 가슴도 따뜻한 사람이라고 생각했거든요. 헬렌은 자신이 옳다고 생각하는 것을 몸으로 실천하는 스콧을 존경했어요.

스콧은 그가 삶의 모범으로 삼았던 톨스토이*나 간디*처럼 지나칠 만큼 철저하게 원칙을 지켰고, 금욕적인 사람이었습니다.

어느 날, 스콧은 헬렌에게 아주 특별한 일을 제안했어요.

"힘들고 어려운 일을 경험해 보세요."

사실 스콧은 헬렌이 걱정됐어요. 지금껏 부모님의 보호 아래 부유한 환경에서 별 어려움 없이 자란 헬렌이 과연 자기 같은 사람과 살 수 있을까 걱정을 했지요.

헬렌은 여유로운 생활을 버리고 가난한 생활에 뛰어들었어요. 먼

▲ 톨스토이(1828~1910)

19세기 최대의 러시아 소설가. 〈유년 시대〉를 써서 작가로 인정받은 톨스토이는 〈전쟁과 평화〉, 〈안나 카레니나〉 등 불후의 명작을 남겼으며, 만년에는 철학과 종교에 몰두하고, 농민 문제에 관심을 기울여 자신의 전 재산을 사회에 기부하기도 했어요.

▲ 간디(1869~1948)

비폭력적 방법으로 인도의 독립운동을 지도했어요. 남아프리카에서 영국인들에게 인도 인들이 차별 대우를 받는 것을 보고 저항운동을 벌였고, 제1차 세계대전이 시작된 1914년에 인도로 돌아와 민족 독립운동에 앞장서 인도의 독립을 이끌어 냈어요.

저 뉴욕의 낡고 허름한 아파트로 이사를 했어요. 아파트에는 난방 장치가 없어서 겨울에는 방이 얼음장처럼 차가웠지요. 화장실도 하나밖에 없어서 여러 집들과 공동으로 사용해야 했습니다.

1928년부터 1929년까지 헬렌은 상자 만드는 공장, 사탕을 포장하는 공장, 종이 만드는 공장 같은 데에서 일했어요. 월급은 쥐꼬리만해서 빵을 사고 나면 남는 것이 거의 없었어요.

워낙 성격이 밝고 낙천적인 헬렌은 가난한 생활을 오히려 새로운 경험이라고 생각하기로 하고 아무리 힘들어도 짜증을 내거나 힘들어하지 않았어요.

그렇게 일 년간 밑바닥 삶을 경험한 후에 헬렌은 유럽으로 여행

을 갔어요. 그리고 그곳에서 스콧에게 편지를 보냈어요.

오랜만에 전 자유로운 사람이 된 것 같아요. 친구들과 새
로운 옷도 사 입고, 처음 맛보는 근사한 음식도 먹으며,
매일매일 새처럼 맘껏 날아다니고 있어요. 자유롭게 유럽
의 곳곳을 돌아다니기도 하고, 멋진 청년들과 하루 종일
일광욕*을 즐기기도 한답니다.

그러자 스콧에게서 이런 답장이 왔습니다.

▲ 젊은 시절의 헬렌.

* 일광욕
치료나 건강을 위하여 온몸을 드러내고 햇
빛을 쬠.

사랑하는 헬렌!
당신의 편지를 받고 많은 생각을 했어요. 당신이 그동안
나 때문에 자기 자신과 맞지 않는 삶을 살았다면 그런 건
싫습니다. 하지만 이 말만은 꼭 전하고 싶군요.
자유*란 무엇일까요? 당신은 친구들과 어울려 비싼 옷을
걸치고, 근사한 음식을 먹으며, 여기저기 돌아다녔다고
했습니다. 하지만 그것은 무엇을 위한 자유인가요?
당신이 입은 옷은 어려운 상황에 처한 어느 가난한 노동자
가 만든 옷일지도 몰라요. 당신이 근사한 음식을 먹고 있
는 순간에도 가난한 나라에서는 수많은 어린이들이 굶어
죽어 가고 있어요. 그때 당신은 무엇을 했나요? 당신이
말한 자유는 참된 자유가 아닙니다.

* 자유
남에게 얽매이지 않고 자기 마음대로 행동
하는 일.

스콧이 보낸 편지를 읽고 나자 헬렌은 자신이 너무 창피했습니
다. 헬렌은 깊이 반성했어요.

'나는 머리로만 어려운 이웃을 돕겠다고 했던 거야. 정작 나는 편
하고 사치스럽게 누릴 것을 다 누리고 살아왔어……'

아름다운 버몬트* 농장 생활

헬렌과 스콧은 결혼을 하고 나서 뉴욕에서 살았습니다. 미국이 제1차 세계대전을 치르고 난 후, 세계 경제는 대공황*의 늪에 빠져 모든 사람들이 가난에 허덕였어요.

1932년에 헬렌과 스콧은 사람들이 돈이나 권력을 좇아 살아가기에 바쁜 도시를 떠나 살기로 했어요. 돈과 권력은 사람들에게 평화로운 삶을 보장해 주지 못한다고 생각했던 것이지요.

이들은 문명에서 벗어나 살기로 하고 도시를 떠나 버몬트 주에 있는 숲 속의 낡은 집을 구해 그곳에 정착했어요. 그때부터 두 사람은 땅을 갈아 농사를 짓고 자연과 더불어 사는 생활을 시작하게 되었지요.

두 사람은 몇 가지 생활의 원칙을 세우고 그대로 실천했습니다.

- 첫째, 먹고사는 데 필요한 것 중 최소한 절반은 자급자족*하며 가계를 꾸릴 것.
- 둘째, 한 해를 살기에 충분할 만큼 노동을 하고 양식을 모았다면 그 다음 수확기까지 돈 버는 일을 하지 않고, 사회 활동이나 독서·글쓰기 같은 다른 일에 관심을 돌릴 것.
- 셋째, 쓰고 남은 물자는 이웃과 친구들에게 나누어 줄 것.

헬렌은 나누며 사는 삶의 즐거움을 다음과 같이 표현했어요.

▲ 테오도어 루스벨트

미국의 제26대 대통령(재임 1901~1909). 후버 대통령에 이어 대통령에 취임한 루스벨트는 뉴딜 정책을 실시해 공황을 타개해 나갔어요.

* 버몬트
미국 동북부의 주.

* 대공황
1920년대 미국은 대단한 호경기를 누리고 있었으나 지나친 사업 확장과 상품 시장의 축소로 경제 위기를 맞게 되었고, 이는 곧 전세계로 확산되었어요.

* 자급자족
자기에게 필요한 것을 자기가 생산하여 충당함.

▲ 스위트피
지중해 연안에서 여름에 주로 피는 백색, 분홍색, 적색, 자색의 꽃을 가진 콩과 식물.

* 생채식
음식을 익히거나 조리하지 않고 날로 먹는 식사 방법.

* 세심
꼼꼼하게 주의를 기울여 빈틈이 없음.

"우리가 살아가면서 누린 가장 큰 즐거움은 스위트피가 자라면 그 꽃을 한아름씩 꺾어다 사람들에게 나누어 주는 일이었어요."

그들이 세운 또 다른 원칙 가운데 좀 독특한 것이 채식주의였습니다.

"우리는 집짐승을 기르지 않을 것입니다. 집짐승을 절대로 잡아먹지 않을 것이며, 거기서 나온 생산물도 먹지 않을 것입니다."

채식주의는 고기가 건강에 좋지 않다거나 짐승을 잡는 것은 끔찍한 것이라는 생각을 뛰어넘어, 두 사람의 삶의 기본 정신에 연결된 것이었어요.

"채식주의는 생명체에게 가장 적게 피해를 주고, 가장 많은 생명체에게 행복을 주는 겁니다."

그들의 채식주의는 점점 더 확고해져 나중에는 유제품뿐만 아니라 일체의 가공 식품을 멀리하는 '생채식'*으로 나아갔습니다.

버몬트 숲 속에서 생활하게 된 헬렌은 모든 것이 새로웠어요. 어린 시절을 시골에서 보내기는 했지만 이렇게 깊은 숲 속에 들어와 산 적은 처음이었거든요. 헬렌은 그때부터 배워야 할 것이 너무도 많았습니다.

스콧은 헬렌에게 삽, 도끼, 톱 같은 연장 다루는 법을 세심*하게 가르쳐 주었어요. 두 사람은 산에서 돌을 가져와 집을 지었어요. 또 농장을 가꾸고 산을 관리했습니다.

삶의 터전을 일구려면 해야 할 일이 산더미 같았지만 서두르지 않고 하나씩 일을 해결해 나갔어요.

그들의 하루 일과는 아침 다섯 시에 일어나면서부터 시작되었어요. 아침 일곱 시까지는 명상을 하고 책을 읽는 시간이었어요. 이때 헬렌은 종종 음악을 듣거나 바이올린을 연주하기도 했어요.

그리고 일곱 시가 되면 과일이나 야채로 아침 식사를 했습니다.

아침 식사가 끝나면 간단한 체조를 한 후 집 앞의 농장에 나가 스콧
은 거름을 만들고, 헬렌은 채소밭을 가꾸었지요.

농장 일을 끝낸 후에는 점심을 먹었습니다. 헬렌은 점심을 먹은
후 햇볕을 쪼이며 일광욕을 하는 걸 아주 좋아했어요.

쉬는 시간이 끝나면 산에 올라가 나무가 잘 자라도록 가지를 쳐
주기도 하고, 약초*를 캐기도 했습니다.

약초는 잘 말려 두었다 쓰고, 나뭇가지는 온실을 짓거나 집을 수
리하는 데 썼지요.

약초와 나뭇가지를 가지고 산을 내려올 즈음이면 어느덧 하늘에
붉은 노을이 번졌습니다. 산에서는 해가 일찍 지기 때문에 금세 날
이 어두워지지요.

* 약초
약으로 쓰이는 풀.

 하루의 일을 마친 니어링 부부는 손을 잡고 정답게 집으로 돌아
와 저녁 식사를 했어요.
 저녁 요리 재료로는 감자와 과일, 그리고 집 주변에서 가꾼 채소
들을 이용했어요. 딱딱한 통밀빵과 생과일, 소금을 넣지 않은 팝콘
등으로 차린 단출한 식탁 위에는 수선화가 웃고 있었지요.
 이 모습이 바로 아름다운 자연주의자 스콧과 헬렌 니어링 부부의
식탁 풍경이었어요.

저녁 식사를 마친 후에 두 사람은 편안한 의자에 앉아 책을 읽기 시작합니다.

스콧은 주로 사회과학* 서적을 읽었어요. 헬렌은 여전히 공상과학 소설을 좋아했으며, 종종 추리 소설도 읽었지요. 부부는 책을 읽다가 좋은 문장이 나타나면, 큰 소리로 서로에게 읽어 주곤 했어요.

또 두 사람은 글을 쓰기도 했어요. 그들은 글을 쓰거나 봉사* 활동 하는 것을 농사일만큼이나 중요하게 여겼지요. 그래서 매일 책을 읽고 공부를 했답니다.

니어링 부부는 단 일 초라도 아깝게 낭비하면 안 된다는 생각을 가졌어요. 그래서 생활 계획표를 세워 실천했습니다.

버몬트 농장에서 스콧은 전쟁을 비판하는 책을 썼습니다. 가난한 나라에 강연회를 갈 때에는 헬렌도 스콧을 도와 연설문을 정리해 주면서 서서히 사회 문제에 관심을 갖게 되었지요.

* 사회과학
사회 현상을 지배하는 객관적 법칙을 해명하려는 경험 과학을 통틀어 이르는 말. 연구 대상에 따라 사회학, 정치학, 경제학, 역사학 따위로 나누지요.

* 봉사
자신을 돌보지 않고 몸과 마음을 다하여 남을 위해 일함.

푸른 밥상으로 지구를 푸르게

니어링 부부가 처음 버몬트 농장에 이사 왔을 때 이웃 농부들은 탐탁지 않은 눈길을 보냈습니다.

"저들은 야채만 먹고 농사를 짓겠다는군. 사람은 고기를 먹어야 힘이 나지."

"도시에서 글을 쓰던 사람이 어려운 농사일을 할 수 있겠어? 분명히 몇 달도 못 채우고 도망가고 말걸?"

하지만 이제 이웃 농부들은 니어링 부부의 농장에 찾아옵니다. 그리고 여러 가지 질문을 합니다.

"어떻게 농약을 뿌리지 않고 채소를 기를 수 있죠?"

"이 거름은 대체 어떻게 만든 거예요? 정말 화학 비료를 쓰지 않는단 말인가요?"

그럼 니어링 부부는 친절하게 대답해 주었어요.

"자연은 농약과 화학 비료를 원하지 않아요. 그런 것이 없어도 자연은 우리에게 모든 것을 준답니다. 농약과 화학 비료를 쓰지 않는 농사법을 유기농*이라고 하지요."

헬렌은 과학자가 아니었어요. 농부는 더더욱 아니었지요. 하지만 지금 과학자와 농부들은 헬렌의 유기농 농사법을 공부하고 있습니다. 헬렌은 어떻게 유기농을 알았을까요?

버몬트 숲과 농장은 몇 년 후 그 지역에서 가장 아름다운 곳으로 변했어요. 그것은 단지 니어링 부부의 부지런함 때문이었을까요?

헬렌은 모든 것에는 생명이 깃들어 있다고 여겼어요. 그래서 자기가 뽑은 홍당무와 감자에 용서를 빌었답니다.

"미안하구나. 나를 위해 너희들을 먹어야 하니까. 고마워, 나를 배부르게 해 주어서……."

▲ 헬렌의 온실.

헬렌은 생명을 소중하게 여겼어요. 자연 앞에서는 겸손한 자세를 보여야 한다고 생각했습니다.

헬렌은 숲을 유심히 관찰했어요.

"숲은 저절로 자라는구나. 농약도 제초제*도 없이 저절로 싹을 틔우고 열매를 맺어. 나는 그 방법을 배워야 해."

마음에서 우러나오는 사랑이 지혜를 주었나 봐요. 헬렌은 몇 번 실패를 거듭한 끝에 유기농으로 맛좋은 열매를 맺게 하는 데 성공했습니다.

유기농으로 농사를 지으면 좋은 점이 많이 있어요.

첫째, 유기농으로 지은 음식물을 먹으면 암 같은 병에 걸릴 위험이 적어요. 합성 화학 물질을 사용해 재배한 야채를 먹으면 암에 걸릴 위험이 높지요. 어린이들은 몸이 자기 스스로를 보호하는 능력이 어른들보다 약하기 때문에 병에 걸리기가 더 쉽답니다.

둘째, 물도 깨끗해져요. 화학 비료와 농약이 빗물에 섞여 강으로 흘러들면 강물은 숨을 쉴 수가 없어요. 썩은 강물은 다시 바다로 흘러가게 되지요. 바다에 사는 많은 물고기들이 그 더러운 물을 먹으면 시름시름 앓게 됩니다.

사람의 몸은 2/3가 물로 구성되어 있어요. 지구는 3/4 이상이 물로 덮여 있지요. 그만큼 중요한 물을 지키려면 화학 물질을 쓰지 말아야겠죠?

이 밖에도 유기농 농사의 좋은 점은 손으로 헤아리기 어려울 정도로 많아요.

헬렌은 스스로 터득한 이 방법을 많은 사람들에게 알려주고 직접 보여 주었습니다. 최근 세계의 여러 나라에서는 헬렌이 70년 전에 시작한 유기농법으로 농사를 지으려고 하고 있지요.

니어링 부부는 패스트 푸드*와 방부제*, 화학 조미료*에 찌든 우리의 식탁에 대해 매서운 비판을 가합니다.

"살균*하고, 훈제*하고, 소금에 절이고, 설탕을 뿌리고, 색소를 입힌 음식에는 천연의 요소가 남아 있지 않아요. 이런 것들은 자연 친화*적인 음식이 아니지요."

잘 먹고 잘 산다는 건, 귀한 음식을 많이 먹고 비싼 옷과 보석을 걸치는 게 아니랍니다. 몸과 정신이 조화를 이루어 건강한 상태를 말하는 것이지요.

그럼 헬렌의 음식 습관을 살펴볼까요?

헬렌은 고기는 사람에게 맞지 않는 음식이라고 말합니다. 인간의 이는 호랑이처럼 송곳니가 발달하지 않았지요. 대신 말처럼 어금니가 발달해 질긴 야채를 잘 씹을 수 있습니다.

고기를 먹는 육식 동물은 장의 길이가 짧아요. 하지만 풀을 먹는 초식 동물은 장이 굉장히 길지요. 풀 속에 있는 섬유질*을 소화시키려면 장이 길 수밖에 없거든요. 인간은 육식 동물보다 무려 세 배나 장이 길어요. 이것은 우리 인간이 원래 초식 동물이었다는 증거라고 해요.

또 헬렌은 우리가 고기를 너무 많이 먹어서 건강을 잃었다고도 말합니다. 고기는 동물의 죽은 시체이기 때문에 나쁜 독소가 있다고 생각했어요.

"고기는 썩은 시체예요. 그걸 먹는다는 건 마치 쓰레기를 먹는 것과 같아요."

더욱이 인간처럼 살아갈 권리가 있는 동물을 죽인다는 건 매우 나쁜 일이라고 생각했지요.

헬렌은 푸른 밥상이야말로 최고의 진수성찬*이라고 말합니다.

"녹색 식물에는 엽록소*가 많아요. 엽록소는 몸에 생기를 불어넣어 주고, 태양의 에너지를 인간에게 전달하지요. 식물은 푸른 생

---

*패스트 푸드
주문하면 즉시 완성되어 나오는 식품을 통틀어 이르는 말이에요. 햄버거, 프라이드 치킨 따위를 말해요.

*방부제
미생물이 자라는 것을 막고 음식이 썩지 않게 하는 약제.

*화학 조미료
다시마나 말린 포 따위를 끓인 국물에 들어 있는 구수하고 감칠맛이 나는 성분을 화학적으로 합성하여 만든 조미료를 말해요.

*살균
세균 따위의 미생물을 죽임.

*훈제
소금에 절인 고기를 연기에 그슬려 말리면서 그 연기의 성분이 흡수되게 함. 또는 그런 식품. 독특한 풍미가 있으며 방부성이 있어 오래 저장할 수 있지요.

*자연 친화
자연과 사이 좋게 잘 어울림.

*섬유질
섬유가 많이 들어 있는 물질.

*진수성찬
맛이 좋고 푸짐하게 차린 음식.

*엽록소
빛 에너지를 유기 화합물 합성을 통하여 화학 에너지로 전환시키는 녹색 색소. 광합성에 가장 중요한 요소로, 빛에서 에너지를 흡수하며 이산화탄소를 탄수화물로 전환시켜요. 녹색 식물, 조류(藻類), 광합성 박테리아 따위의 광합성을 하는 모든 생물체에 나타나지요.

명의 피이며, 힘과 에너지의 둥지입니다. 하루에 사과를 한 개씩 먹는다면 의사가 필요 없어요. 야채도 마찬가지예요. 사과와 야채는 병을 억제하는 힘을 갖고 있답니다. 어서 밥상을 푸르게 바꾸세요."

하지만 사람들은 고기 음식을 쉽게 끊을 수 없었습니다. 헬렌은 또 말합니다.

"사람은 이제 설 땅이 없어요. 사람들이 계속 늘어나서 집을 지을 공간도 부족해졌잖아요. 그런데도 사람들은 고기를 먹기 위해서

▲농장을 방문한 방문객들과 헬렌.

넓은 땅에 소와 돼지를 기르고 있어요. 또 소와 돼지를 먹이기 위해서 땅에 쓸모없는 풀과 사료를 재배하고 있죠. 그 가축들은 많은 사람들을 배부르게 할 수 없어요. 소 한 마리는 어른 몇십 명의 배만 채울 수 있으니까요. 만약 가축을 기르는 땅에 농사를 지으면 어떨까요? 나무는 평생 열매를 맺습니다. 우리는 두고두고 그 열매를 따서 먹으면 되죠. 곡식은 몇백 명의 사람들을 배부르게 만듭니다. 우리가 야채와 곡식을 먹는다면 지구의 땅은 더 넓어질 거예요. 또 지구는 아주 푸르게 변할 겁니다."

49

하지만 도시에서 바쁘게 생활하다 보면 어쩔 수 없이 패스트 푸드를 먹게 되고, 사람들은 그 생활에 익숙해졌어요. 헬렌은 너무 속상했습니다. 패스트 푸드는 최악의 음식이라고 생각했거든요.

"여러분 생각해 보세요. 당신이 지금 먹고 있는 햄버거는 어떤 음식일까요? 햄버거에 있는 고기는 며칠이나 지났을까요? 또 고기를 덮고 있는 그 야채는 어디에서 온 걸까요? 그것들이 상하지 않고 당신의 입에 들어가려면 방부제를 많이 넣어야 했을 거예요. 쓴 방부제 맛을 없애려고 또 다른 화학 조미료를 잔뜩 발랐겠죠. 여러분이 먹는 것은 음식이 아닙니다. 그것은 마치 플라스틱과 같은 거예요. 패스트 푸드는 여러분의 피를 더럽히고 있습니다."

그리고 헬렌은 야채를 먹는 방법을 알려줍니다.

"아무리 싱그러운 야채라도 끓는 물에 푹 익히면 죽은 야채가 돼요. 또 야채를 오랫동안 물에 담가도 안 되지요. 잎을 툭툭 털어서 곧장 냄비에 담아야 합니다. 야채는 꼭 필요한 경우에만 껍질을 벗겨야 해요. 껍질 바로 아래에는 비타민*이 모여 있거든요."

* 비타민
영양소의 한 가지로, 동물의 성장에 꼭 필요한 유기 화합물이에요. 사람의 몸 속에서는 만들어지지 않는답니다.

▶ 헬렌의 식탁.

헬렌은 야채와 과일이 좋다고 해서 무조건 많이 먹으면 안 된다고 해요.

헬렌과 스콧은 적게 먹는 연습을 했어요. 많이 먹으면 몸은 소화를 시키기 위해 많은 에너지를 써야 하거든요.

그럼 사람들은 알게 모르게 지치게 되지요. 헬렌은 일요일에는 물만 먹었습니다. 일주일에 한 번은 위도 쉬는 시간을 줘야 한다고 생각했지요.

또 일년 중 열흘은 음식을 먹지 않았어요. 헬렌은 열흘 동안 먹지 않으면 일년 동안의 생긴 찌꺼기를 우리 몸이 스스로 없앤다고 생각했지요.

니어링 부부는 가장 좋은 아침 식사는 '아침 공기와 긴 산책'이라고 말했어요. 몸은 밤에 잠을 자는 동안 아무 일도 하지 않기 때문에 일어나자마자 아침을 먹을 필요가 없으며, 아침은 조금 일한 후에 먹어야 한다고 생각했어요.

그들은 어느 나라를 가든 한 가지 과일을 아침 식사로 했어요. 싱가포르에 가면 잘 익어 과즙이 뚝뚝 떨어지는 파인애플을 먹었고, 인도에 가면 망고나 손가락 마디만한 바나나를 먹었습니다.

중국에서는 홍시를, 남부 프랑스에서는 온갖 종류의 멜론을 먹었고 남아메리카에서는 파파야를 먹었지요. 여러 가지 과일과 야채를 먹으면 과식할 수도 있기 때문이었어요.

헬렌은 평생 병원에 갈 일이 없었어요. 그녀의 식사 방법은 아주 훌륭해서 몸에 병이 생길 틈이 없었지요.

의사들은 헬렌의 식단을 매우 칭찬했어요. 특히 비만으로 고생하거나 건강이 나쁜 사람들에게 적극 추천하기도 했답니다.

헬렌의 〈소박한* 밥상〉

헬렌은 말년*에 조화로운 삶을 지향하는 자신의 요리법과 요리 철학이 담긴 에세이* 〈소박한 밥상〉을 썼어요.

이 책 안에 입맛을 돋우는 음식에 관해서는 하나도 적혀 있지 않아요. 요리책이기는 하지만 색다른 맛을 추구하는 미식가*들을 위한 책이 아니에요. 침이 꿀꺽 넘어가는 화려한 화보*도 없답니다.

이 책에 나오는 요리는 하나같이 '말먹이', '간단한 곡물 구이' 따위로 불리는 소박한 것들뿐이지요. 어떻게 보면 요리책으로는 빵점이라고 할 수도 있어요.

대신 왜 먹는가, 무엇을 어떻게 먹을까에 대한 차분한 생각과 함께 헬렌이 매일 차리던 소박한 식탁 위에 놓인 음식들의 요리법이 소개되어 있지요.

헬렌의 요리 원칙은 되도록 날것으로 먹되, 조리를 할 때는 낮은 온도에서, 최대한 단순하게 한다는 것이에요.

"식사를 간단히 준비하자. 최대한 빨리, 그리고 거기 드는 시간을 아껴 시를 쓰고, 음악을 즐기고, 바느질하는 데 쓰자. 자연과 만나고, 테니스를 치고, 친구를 만나는 데 쓰자."

헬렌은 고기 · 생선 · 흰 설탕 · 흰 밀가루 · 달걀 · 우유 · 베이킹 파우더*가 없는 음식을 만들었어요. 괴상한 요리법처럼 보여도, 그 음식들이 니어링 부부의 몸과 영혼을 건강하게 지켜 주었답니다.

지금부터 헬렌의 '푸른 밥상'은 어떻게 차려지는지 한번 알아볼까요?

■ 봄 야채의 메들리

• 준비물
　식용유나 버터 4큰술
　양파 3개
　양상추 6장
　콩 2컵
　당근 2개
　아스파라거스 2컵
　알감자 적당량

• 만드는 법
① 양파는 고리 모양으로 썰고, 당근은 납작하게 썰어 주세요.
② 양상추와 아스파라거스는 적당한 크기로 썰어 주세요.
③ 두꺼운 냄비를 불 위에 올려놓고 식용유나 버터를 넣어 녹이
　세요.
④ 버터가 녹으면 준비해 놓은 재료와 콩, 껍질째 깨끗이 씻은 알
　감자를 넣고 볶아 주세요.
⑤ 뚜껑을 닫고 약한 불로 조리하며 타지 않도록 가끔씩 저어 줍
　니다. 당근이 다 익으면 상에 올립니다.

■ 여름 야채 믹스

• 준비물
    당근 작은 것 6개
    무 1개
    감자 1개
    양파 10개
    완두콩 3컵
    버터나 식용유 3컵

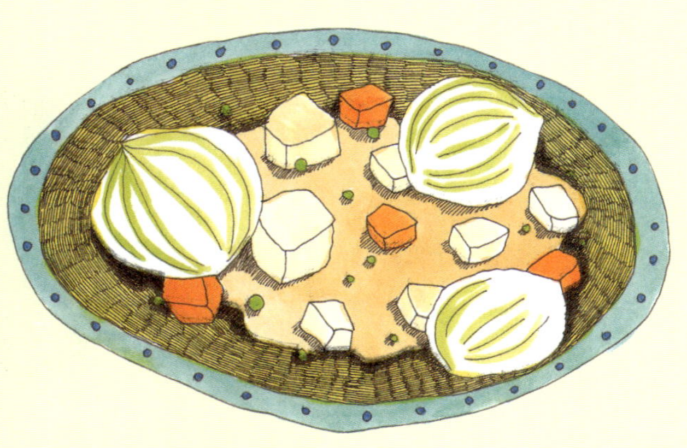

• 만드는 법
① 당근을 물에 잘 씻어 적당한 크기로 썰어 둡니다. 껍질을 벗긴
   무와 감자는 적당한 크기로 썰고, 양파는 썰지 말고 통째로 준
   비해 주세요.
② 준비해 놓은 위의 재료와 완두콩을 냄비에 넣고 재료들이 잠
   길 정도로 냉수를 부어요. 불에 올려 15분간 끓인 후 국물은
   따라 냅니다. 이 국물은 보관해 두었다가 수프를 끓일 때 넣으
   면 아주 맛있는 수프가 됩니다.
③ 팬에 버터나 식용유를 넣고 삶아 놓은 야채를 자주 뒤적이면
   서 10분간 볶아 주세요. 먹기 전에 간장을 조금 넣으면 중국
   음식 맛이 나는 요리가 됩니다.

■ 허브 토마토

• 준비물

　식용유 1큰술

　바질 잎 1/2작은술

　박하 잎 1/2작은술

　파슬리 1/2작은술

　마늘 2알

　토마토 4개

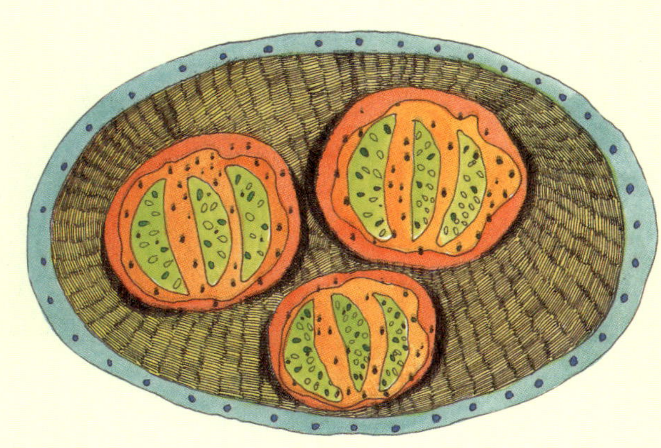

• 만드는 법

① 바질 잎과 박하 잎, 파슬리는 잘 다져서 마늘을 넣은 식용유에
　버무려 놓아요.

② 절반으로 가른 토마토를 파이 굽는 팬이나 오븐용 접시에 담
　아 두어요. 식용유에 버무린 허브를 토마토 위에 살살 뿌려 줍
　니다.

③ 오븐에서 15분쯤 구워 주세요. 이때 토마토는 물컹하지 않고
　단단해야 합니다.

■ 스위스 식 애플 & 포테이토

• 준비물

사과 3개

꿀 3큰술

양파 1개

버터 3큰술

감자 6개

사과즙 6큰술

• 만드는 법

① 껍질을 벗기지 않고 큼직하게 깍둑썰기를 한 사과와 꿀을 물 1
컵에 넣고 익힙니다.

② 다진 양파를 버터에 볶아 놓습니다. 껍질을 벗겨 큼직하게 깍
둑썰기를 한 감자와 사과즙을 볶아 놓은 양파에 넣고 30분간
익힙니다.

③ ②번 재료를 익혀 놓은 사과와 잘 섞어 주세요. 뜨거울 때 먹
어야 맛있습니다.

■ 화려한 겨울 샐러드

• 준비물

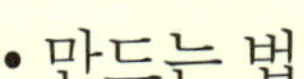

    사과 4개

    샐러리 4대

    당근 1개

    잘 익은 바나나 2개

    생강(곱게 다진 것) 1작은술

    올리브 유 2큰술

    레몬 즙 약간

    코티지 치즈* 1/2컵

• 만드는 법

① 사과는 작은 크기로 깍둑썰기를 하고, 샐러리는 얇게 저며 놓습니다. 당근은 믹서로 거친 듯하게 갑니다. 생강은 곱게 다집니다.

② 준비해 놓은 것들을 그릇에 담아 살살 섞어 주세요. 그 다음 레몬 즙과 올리브 유를 넣어 잘 버무리세요.

③ 접시에 양상추 잎을 예쁘게 깔고 샐러드를 담은 후 그 위에 코티지 치즈를 뿌려 줍니다.

*** 코티지 치즈**

흰색의 알갱이 모양으로 되어 있으며, 신맛이 있고 신선하고 상쾌한 풍미를 내지요.

촉감이 좋아 샌드위치나 샐러드 등에 많이 사용해요.

조화로운 삶을 위해

다음은 아름다운 자연주의자 헬렌 니어링과 스콧 니어링이 우리
에게 주는 충고입니다.

어떤 일이 일어나도
당신이 할 수 있는 한 최선을 다하라.
마음의 평정을 잃지 마라.
자기가 좋아하는 일을 찾아라.

집, 식사, 옷차림을 간소하게 하고 번잡스러움을 피하라.

날마다 자연과 만나고 발 밑의 땅을 느껴라.

농장일이나 산책, 힘든 일을 하면서 몸을 움직여라.

근심 걱정을 떨치고 그날 그날을 충실히 살아라.

날마다 다른 사람과 무엇인가 나눠라.

혼자일 때에는 누군가에게 편지를 쓰거나,

누구에게든 무엇인가 주고,

어떤 식으로든 누군가를 도우라.

삶과 세계에 대해 생각해 보는 시간을 가져라.

할 수 있는 한 생활에서 웃음을 찾아라.

모든 것 속에 들어 있는 하나의 생명을 관찰하라.

그리고 세상의 모든 것에 애정을 가져라.

▲ 밭일 하는 스콧.

*전동
전기의 힘으로 움직임.

*퇴비
풀, 짚, 가축의 배설물 따위를 썩힌 거름.

니어링 부부는 농사를 지을 때 유기농법을 따랐을 뿐만 아니라 전동* 기계를 쓰지 않고 손 연장을 썼어요.

그들이 화학 비료를 쓰지 않고, 지렁이나 퇴비*를 쓴 것은 땅을 기름지게 만드는 데에만 좋은 것이 아니라, 그 땅에서 생산한 식품이 건강에도 이롭고, 무엇보다도 맛이 좋기 때문이었지요.

"퇴비를 주어 기른 과일과 채소는 맛이 부드럽고 순한 데 비해 화학 비료 따위로 기른 채소는 자극적이고 뻣세며 보통은 쓴맛이 납니다."

니어링 부부는 농장을 찾는 사람들에게 이렇게 말해 주었어요.

간혹 농장을 찾은 사람들은 니어링 부부에게 물었습니다.

"왜 시끄럽고, 더럽고, 복잡한 대도시 한복판에 사는 다른 이들과는 어울려 살지 않는 거지요?"

그러면 니어링 부부는 이렇게 대답했어요.

"저희들의 삶이 대단한 것은 아니지만, 세상이 아무리 비뚤어져 있다 해도 자신이 옳다고 믿는 대로 살 수 있다는 본보기를 사람들에게 보여주고 싶어요."

1950년, 버몬트 농장은 많이 달라졌어요. 니어링 부부는 아홉 채의 돌집을 지었습니다.

농장은 너무 훌륭해서 많은 사람들이 버몬트 농장의 채소와 과일을 먹으려고 했지요. 하지만 니어링 부부는 여전히 가난했습니다.

자신들의 끼니는 농장에서 구할 수 있지만 자신들이 쓴 책을 내

60

려면 돈이 필요했어요.

그래서 니어링 부부는 단풍나무로 시럽* 만드는 방법을 개발했어요. 단풍나무 시럽은 단풍나무 껍질에서 나오는 액체를 모아 천연 설탕을 만드는 거예요.

단풍나무 시럽의 인기는 대단했습니다. 유명한 백화점에서 많은 돈을 줄 테니 시럽을 만들어 달라고 부탁했지요.

많은 돈을 벌 수 있는 기회였지만 니어링 부부는 이것을 거절했어요. 돈은 자신들에게 꼭 필요한 만큼만 벌면 된다고 생각했기 때문이었어요.

헬렌은 지금까지 맛보지 못한 행복을 느꼈어요.

'내가 이 많은 일을 해내다니! 못 하나도 박지 못하던 내가 이렇게 삽과 톱을 잘 다루게 되다니!'

헬렌은 농장과 집을 둘러보며 만족스런 웃음을 지었습니다.

▲ 단풍나무 시럽을 만드는 헬렌(1950).

* 시럽
여러 가지 과일의 즙에 설탕을 섞은 것.

　하지만 행복은
길게 이어지지 않았어
요. 부동산 업자가 버몬트
지역의 산을 스키장으로 개발했
기 때문이에요.
　그 후 버몬트는 모든 것이 달라졌어요.
부동산 투기와 무분별한 개발 바람이 불어
하루도 조용할 날이 없게 되었지요.
　이웃에 살던 농부들은 모두 땅을 팔고 다른
곳으로 이사를 갔습니다. 대신 관광객들이 하루
에도 수백 명씩 버몬트로 몰려들었어요.
　어느 날은 수십 명의 관광객이 불쑥 니어링 부부의
집에 찾아왔어요. 그들은 직접 농사를 지으며 야채만
먹는 그들을 신기하게 여겨 구경을 온 것이었어요.
　헬렌은 도시처럼 변해 버린 버몬트가 너무 시끄럽다
고 생각했습니다.
　1952년 봄, 스콧은 더 이상 견딜 수가 없었어요.
　"헬렌 우리 이사 갑시다. 이곳은 너무 많이 변했어요."
　"19년 동안 일구어 놓은 것을 모두 남겨두고 떠날 수 있을까요?"
　"20년 전처럼 젊지는 않아도, 우리는 매우 건강하지 않소. 여보,
새로운 곳으로 이사 가 그곳을 더 좋은 곳으로 만듭시다."
　스콧은 헬렌의 손을 꼭 잡았습니다.

연못이 있는 메인 농장

헬렌에게는 신통한 능력이 있었습니다. 그것은 바로 물을 찾는 능력이랍니다. 헬렌은 땅 속 깊이 흐르는 물줄기를 신통하게 잘 찾아 냈어요.

니어링 부부는 탁자 위에 지도를 펼쳤어요. 헬렌은 눈을 감고 집중을 했습니다.

'바다가 보이고 숲이 건강하며 맑은 시냇물이 흐르는 곳이 어디일까?'

헬렌은 손가락으로 메인 주를 가리켰습니다. 메인 주는 미국의 북쪽에 있는 곳이라 겨울이 긴 곳이었어요.

48세가 된 헬렌과 69세가 된 스콧은 버몬트 농장을 떠나 바다가 보이는 메인으로 이사를 갔습니다. 그곳은 춥지만 건강한 숲이 많았어요.

메인은 인간의 손길이 닿지 않은 곳이었지요. 그래서 도로도 없고 온통 자갈길만 깔려 있을 뿐이었습니다.

헬렌은 한숨을 쉬었습니다.

'휴, 이곳을 언제 농장으로 바꾼담.'

헬렌은 소매를 걷어붙였어요. 그리고 버몬트 농장에서 일했던 것보다 더 열심히 일을 하기 시작했어요.

헬렌은 아주 능숙한 농부가 되었습니다. 그래서 2년 만에 메인 숲을 근사한 농장으로 바꾸어 놓았어요.

니어링 부부는 틈틈이 자신들의 생활을 글로 썼습니다. 1954년에는 〈조화로운 삶〉이라는 책을 출판했지요. 이 책은 많은 사람들을 감동시켰습니다.

그 책을 읽고 수많은 사람들이 니어링 부부의 집으로 몰려왔어요. 버몬트에 살 때보다 더 많은 사람들이 찾아왔답니다. 1년에 2,500명 정도의 사람들이 찾아왔으니 대단하죠?

◀ 농장에 찾아온 손님들과 채소의 성장에 대해 토론하고 있는 스콧.

니어링 부부는 찾아오는 사람들을 친절히 대해 주었어요. 사람들
은 니어링 부부를 만나면 얼굴이 환하게 밝아졌습니다. 손님들은
한결같이 니어링 부부의 삶을 존경*했어요.

헬렌은 그들이 떠나면 다시 연장을 잡고 일을 하기 시작했습니
다. 집 뒤에 있는 늪을 연못으로 만들고 있는 중이었거든요.

니어링 부부는 자연을 훼손시키지 않도록 조심하며 늪을 파냈습
니다. 파낸 흙은 거름으로 만들었지요. 늪을 다 파내고 나니 그곳에
서 맑은 물이 퐁퐁 솟아올랐습니다.

니어링 부부가 늪을 연못으로 만드는 데에는 10년이라는 세월이
걸렸지요. 늪이 연못으로 바뀌고 나자 주위의 나무들도 더욱 싱그
러워 보였어요.

헬렌은 한가로운 시간이면 옷을 홀딱 벗고 연못에 풍덩 뛰어들었
어요. 스콧은 아직도 아이처럼 맑고 순수한 헬렌을 보고 껄껄 웃었

습니다. 그리고는 그 연못에 '헬렌의 연못' 이라는 이름을 지어 주
었어요.

　메인 숲은 너무 추워서 단풍나무가 없었어요. 니어링 부부는 약
간의 돈을 벌기 위해 블루베리* 나무를 기르기 시작했습니다.
　니어링 부부는 따로 블루베리 나무를 사지 않았어요. 대신 숲에
있는 야생 블루베리 나무에다 영양분이 가득한 흙을 주었지요. 처
음 몇 년간은 실패를 거듭했어요.
　"야생 블루베리는 역시 맛이 별로야. 괜히 헛수고하지 마시오."
　이웃 농부는 블루베리를 먹더니 이렇게 말하는 것이었어요. 하지
만 헬렌은 쉽사리 포기할 수 없었어요. 자연을 돌보는 일은 결코 실
패하지 않는다는 믿음이 있었으니까요.
　헬렌의 이런 간절한 마음을 자연도 알아주었는지 마침내 야생 블
루베리 나무에 열매가 풍성하게 열렸습니다. 열매는 먹음직스럽게

익어 냄새만 맡아도 침이 절로 고일 정도였어요.

단풍나무 시럽만큼 큰 성공은 아니었지만, 씨앗을 사고 봉사 활동을 할 만큼의 돈은 벌 수 있었습니다. 헬렌은 블루베리 나무가 너무 고마웠습니다.

영국에서 증기 기관차가 개발된 이후, 과학은 고속 열차처럼 빠르게 발달했습니다. 지구는 하루가 다르게 변해 갔지요.

산이 있던 자리에는 공장이 세워지고 논과 밭이 있던 자리에는 도로가 생겼습니다. 그만큼 자연의 모습은 사라지고 있었지요.

더 끔찍한 것은 전쟁으로 파괴된 지구가 휴지처럼 구겨져 버린 것이었어요. 하지만 인류는 지구가 병들어 가고 있다는 것을 깨닫지 못했습니다.

하늘은 눈 깜짝 할 사이에 회색빛으로 변했습니다. 강 주변에는 죽어 버린 물고기들이 쌓였습니다. 사람들도 오염된 자연처럼 변해 갔어요. 서로를 믿지 못하고 속고 속이는 관계가 늘어났지요.

1980년대에 들어서야 사람들은 뒤늦게 깨달았습니다.

'아, 우리가 만들어 낸 문명이 우리를 죽이고 있구나. 자연을 살려야 해.'

그때부터 각 나라마다 환경오염*의 심각성을 말하기 시작했어요. 사람들은 지구 살리기 운동을 시작했습니다. 하지만 기계에 찌들어 버린 사람들은 어떻게 해야 할지 몰라 당황했지요.

헬렌 니어링과 스콧 니어링은 70년을 먼저 생각한 사람들입니다. 그들은 1930년 무렵에 이미 환경오염의 심각성을 깨달은 사람들이니까요.

헬렌은 인간도 다른 동물처럼 자연과 조화를 이루며 살아야 한다고 생각했습니다. 어쩔 수 없이 자연에 손을 대야 한다면 최대한 상처를 남기지 않도록 노력해야 한다는 것이었어요.

헬렌은 땅을 갈아 야채를 심어야 한다면 땅이 주는 영양분에 감사해야 하며, 더 많은 영양분을 땅에게 되돌려주어야 한다고 했어요. 그러려면 천연 거름을 땅에 넉넉하게 뿌려야 한다고도 했지요.

이렇게 살기 위해서는 '단순하고 소박한 생활'을 해야만 합니다.

멋진 자동차, 근사한 집, 화려한 옷을 갖기 위해서는 공장을 많이 지어야 하니까요. 만약 우리가 조금씩 덜 가지려고 노력한다면 아마 지구는 점점 건강을 되찾게 될 거예요.

니어링 부부는 근처에서 구한 재료들

로 집을 지었습니다. 그들은 살충제*나 제초제를 쓰지 않고 야채를 길렀습니다.

　니어링 부부는 숲에서 꺾어 온 나뭇가지로 집을 따뜻하게 하고 요리를 했어요. 정원에서 나오는 쓰레기와 음식물 찌꺼기는 풀과 나뭇잎을 섞어 퇴비로 만들어서 땅을 기름지게 했지요.

　헬렌은 자신이 살거나 찾아갔던 곳을 이전보다 훨씬 좋은 상태로 만들어 놓았어요. 바로 버몬트 농장과 메인 농장이 그 대표적인 예이지요.

　만약 우리도 헬렌처럼 적게 갖고 풍요롭게 살기 위해 노력한다면 지구에 환경 위기는 오지 않을 거예요.

* 살충제
농작물에 해로운 벌레를 죽이는 약제.

자유로운 영혼, 헬렌

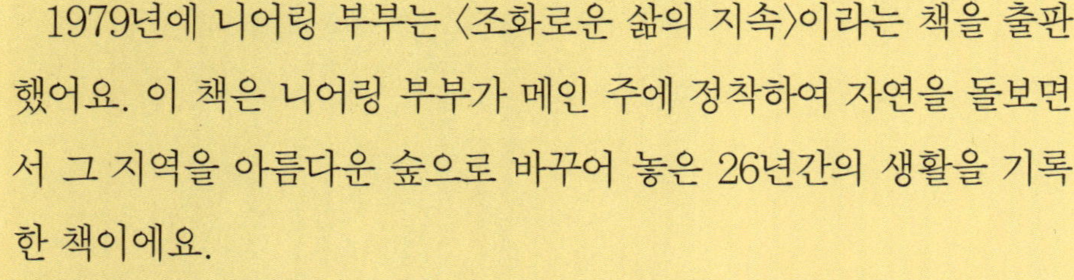

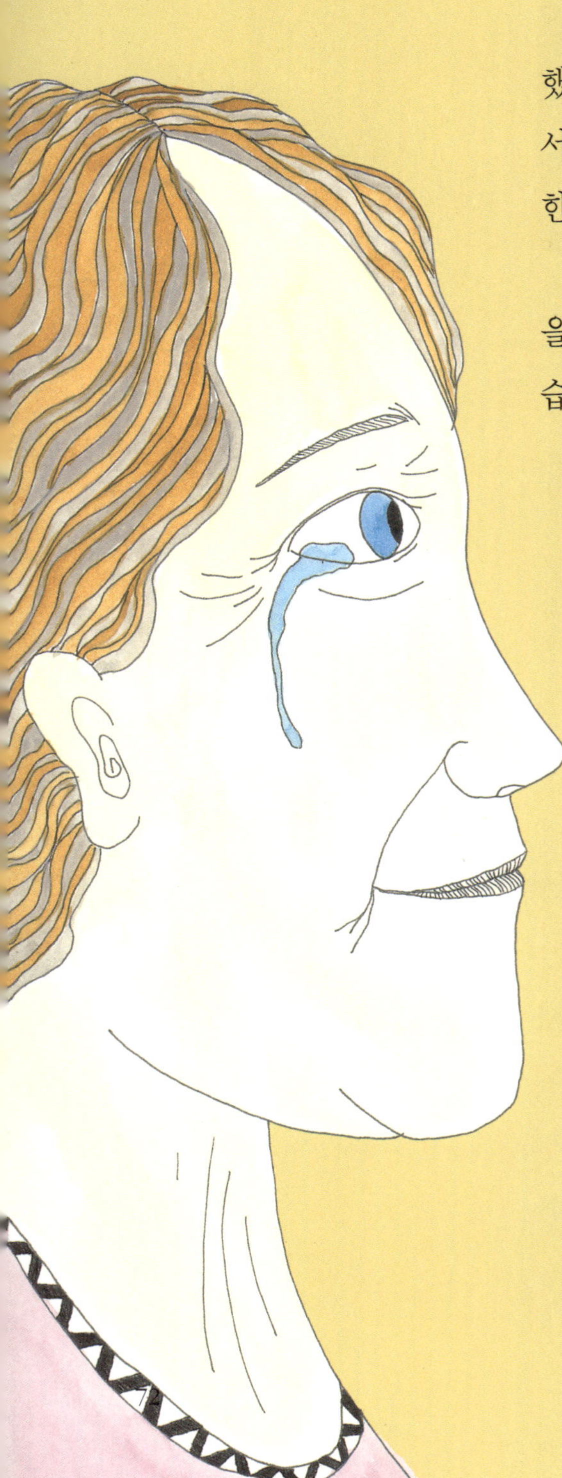

    1979년에 니어링 부부는 〈조화로운 삶의 지속〉이라는 책을 출판했어요. 이 책은 니어링 부부가 메인 주에 정착하여 자연을 돌보면서 그 지역을 아름다운 숲으로 바꾸어 놓은 26년간의 생활을 기록한 책이에요.

    니어링 부부를 흉보던 사람들도 이제 니어링 부부의 생활에 관심을 갖기 시작했어요. 헬렌의 부모님도 헬렌과 스콧을 자랑스러워했습니다.

    방송국과 잡지사에서 니어링 부부의 생활을 소개하기 시작하자 어렵고 힘들게 사는 사람들이 두 사람을 초대하는 일이 많아졌습니다. 헬렌과 스콧은 그들이 부르면 언제든지 달려갔어요. 종종 다른 나라에도 갔지요.

    사람들은 스콧의 연설을 환영했습니다. 스콧은 80세가 넘은 나이가 되었지만 여전히 건강했어요.

    그는 젊었을 때처럼 어려운 사람들의 복지 문제에 관심을 기울였습니다. 또 미국이 다른 나라 일에 간섭하고 전쟁을 일으키는 데 반대했지요. 헬렌은 그런 스콧을 도왔어요.

    어느 날, 헬렌은 스콧에게 이런 말을 했습니다.

"여보, 당신은 대학교수로 있을 때보다 훨씬 더 많은 일을 해냈어요."

"당신이 더 훌륭해요. 당신이 있었기에 내가 그 일들을 해낼 수 있었던 거예요."

스콧은 조용히 웃음을 지었습니다. 헬렌은 너무 기뻐 스콧을 꼭 껴안았어요.

스콧은 90세를 넘기면서도 아주 건강했습니다. 그래서 헬렌은 스콧이 영원히 살 것처럼 여겨졌어요.

하지만 자연은 스콧에게서 힘을 조금씩 빼앗아 갔습니다. 99세가 되었을 때, 스콧은 자신의 죽음을 준비하기 시작했어요. 더 이상 육체가 젊을 때처럼 창조적인 일을 할 수 없다는 사실을 깨달았던 거예요.

1983년, 스콧은 100세가 되었습니다. 어느 날 스콧은 햇살이 부드럽게 내려앉은 창가에서 헬렌에게 이렇게 말했어요.

"나는 그동안 열심히 살았어요. 당신이 내 곁에 있어서 참 행복했어요. 그런데 이제 떠날 때가 온 것 같군요, 헬렌. 내가 당신 곁을 떠난다 해도 슬퍼하지는 말아요."

헬렌은 스콧의 마음을 이해했어요. 헬렌은 서양 사람이지만 불교에서 이야기하는 환생*을 믿었답니다.

스콧은 병원에서 숨을 거두고 싶지 않았어요. 기계처럼 몸에 튜브를 꽂고 산소 호흡기를 쓰는 건 자연스럽지 않다고 생각했지요.

스콧은 먹는 양을 줄여 가기 시작했어요. 세 끼에서 두 끼로, 두 끼에서 한 끼로, 나중에는 물만 먹었지요.

스콧이 100번째 생일을 맞던 날, 이웃 사람들이

깃발을 들고 왔는데 그 깃발 하나에는 이렇게 적혀 있었어요.

스콧 니어링이 백 년을 사는 동안 세상은 이전보다 더 좋은 곳이 되었다.

100세가 되던 날, 스콧은 침대에 누워 헬렌의 손을 꼭 잡았어요. 그리고 3주 후 스콧은 잠이 들더니 다시는 눈을 뜨지 않았어요. 스콧은 음식을 끊음으로써 스스로 평화로운 죽음을 맞이한 것이지요.

그것은 자신의 삶에 최선을 다한 사람만이 얻을 수 있는 가장 아름다운 죽음이었습니다. 스콧이 자신의 생명을 서서히 거두어 가는 것을 지켜보면서 헬렌은 노래를 중얼거렸어요.

"훌륭한 삶을 산 여보, 썰물처럼 가세요. 당신은 자신의 몫을 다

했어요. 새로운 삶으로 들어가세요. 여보, 평화롭게 떠나세요. 내 걱정은 하지 마세요."

스콧은 자신의 생애 100년 동안 우리 모두에게 진정한 자유가 무엇인지, 그리고 진정으로 의미 있고 충만한 삶이 어떤 것인지를 실천적으로 보여주었습니다.

헬렌은 85세가 되면서 처음으로 자신이 늙었다는 것을 느꼈어요. 이도 빠지고 귀도 어두워졌지요. 그래서 가끔 우울해지기도 했지만 아직 머리와 팔다리는 튼튼했어요.

사람들은 헬렌에게 이젠 편히 쉬라고 말했지만 헬렌은 스콧이 떠난 이후에도 여전히 메인 농장에서 분주하게 일을 했어요.

사람들이 걱정을 하면 헬렌은 시원스럽게 웃으며 이렇게 말하곤 했습니다.

"경기장에서 달리기를 할 때, 결승점이 가까워졌다고 속도를 늦춰야 하나요? 오히려 좀더 속력을 내야 하지 않을까요?"

이 말은 옛날 그리스의 철학자 디오게네스*가 했던 말이에요.

실제로 대표적인 그림 몇 점을 여든이 넘은 나이에 완성한 미켈란젤로, 여든이 넘어서도 글을 쓴 괴테, 아흔두 살에도 여전히 발명을 하고 있었던 에디슨을 보면 나이 듦이 무능력을 의미하는 것은 결코 아니라는 것을 헬렌은 알고 있었던 것이지요.

하지만 예전처럼 힘을 쓸 수 없는 건 사실이었어요. 헬렌은 아주 힘든 일을 점점 줄이고 명상하는 시간을 늘렸어요.

헬렌은 자신도 세상을 떠날 날이 멀지 않았다는 것을 예감했지요. 그래서 자신과 스콧의 삶을 정리하는 책을 쓰기 시작했어요. 그것은 곧 자신의 인생을 마무리하는 일이었어요.

1991년 87세가 되던 해에 헬렌은 〈아름다운 삶, 사랑 그리고 마무리〉라는 책을 출판했습니다.

고대 그리스의 철학자. 알렉산더 대왕이 그에게 소원을 물었더니, 아무것도 필요없으니 햇빛을 가리지 말고 그곳을 비켜 달라고 했다는 말로 유명하지요.

▲ 미켈란젤로(1475~1564)
이탈리아의 화가, 조각가로 르네상스 최대의 예술가.

▲ 괴테(1749~1832)
독일의 대문호로 83세에 세상을 떠날 때까지 〈파우스트〉, 〈젊은 베르테르의 슬픔〉 등 많은 작품을 남겼어요.

▲ 에디슨(1847~1931)
전등, 축음기, 전화 송신기, 영화 촬영기 등 1,300여 가지나 발명한 세계적인 발명왕.

이 책이 출판되면서 사람들은 헬렌을 다시 평가하기 시작했어요. 남편이 더 유명했기에, 헬렌은 가끔 스콧의 그늘에 가려지기도 했거든요. 이제 사람들은 헬렌의 이야기를 들으려고 찾아왔습니다.

헬렌은 자신의 지혜를 사람들에게 나누어 주었어요. 그때 헬렌의 눈은 태양처럼 밝게 빛났어요.

헬렌은 죽음에 대해 더 깊이 깨달았습니다. 죽음은 탄생처럼 소중한 것이라고 생각했지요. 봄이 시작되면 언젠가는 겨울이 오듯이, 사람에게 죽음이 다가오는 것은 아주 자연스러운 현상이라고 생각했어요.

'죽음은 또 다른 삶의 시작이구나. 태아가 엄마 뱃속에서 나와 아기가 되듯이, 내 영혼도 몸에서 나와 다른 삶을 시작하겠지.'

헬렌은 늙어 갈수록 자신의 영혼이 새처럼 자유로워지고 있다고 느꼈어요. 태양 아래에서 눈을 감고 있으면 어린 시절로 되돌아가는 듯했지요.

따뜻한 주황색 빛줄기……. 그 빛줄기 속을 가로지르며 한 마리 새가 날아갑니다.

"그래 바로 저 새야."

평소에 헬렌은 남편 스콧처럼 평화롭고 고요히 세상을 떠나고 싶어했지요. 그러나 헬렌은 느닷없는 죽음을 맞이하게 되었어요. 1995년 91세 때, 헬렌은 교통사고로 눈을 감았습니다.

아마 헬렌은 하늘나라에서도 별을 씨앗 삼아, 별자리를 호미 삼아 농사를 짓고 있을지도 모릅니다. 그녀가 하늘나라에서 짓는 별 농사가 풍년이 되면 밤하늘의 별이 더욱 환하게 온 세상 사람들을 비쳐 주게 되겠지요.

한눈에 보는 헬렌 니어링의 생애

헬렌 니어링은 매일 돈을 벌기 위해 숨가쁘게 살아야 하는 도시 생활을 거부하고 시골로 들어가 농사를 지으며 살았어요. 소박한 전원 생활을 하면서 정신적으로는 오히려 도시 사람들보다 풍요롭고 건강한 삶을 살았답니다. 돈과 물질 문명을 지나치게 숭배하다 보면 사회에서 인간의 존엄성이 사라지기 쉽고 그 때문에 나라 간에 전쟁이 일어나기도 해요. 헬렌의 삶을 들여다보면 우리가 살아가는 동안 반드시 지켜야 할 것들은 무엇인지 곰곰 생각하게 되지요.

● 채식주의자 부모님의 영향

헬렌은 1904년 뉴욕에서 태어났어요. 헬렌의 아버지는 성공한 사업가로 학문과 예술 분야에 관심이 많았고, 어머니 마리아 오브린은 네덜란드 태생의 화가였어요.

종교나 사회 문제에 관심이 많았던 부모님은 '신지학회' 라는 종교 모임에서 만나 결혼까지 하셨어요.

그 후 아버지는 적십자사의 지역 책임자를 맡기도 했고, 어머니는 동물학대 방지협의회의 책임자로 일했어요. 부모님의 이런 사회적 신념은 일상 생활에도 이어져 평소에 명상을 즐기고, 비료가 들어가지 않은 채소로 식사를 했어요.

이런 부모님의 영향으로 헬렌 역시 일찍이 부모님을 따라 채식을 했고, 풍부한 학문적·문화적 배경 안에서 자라나게 되었어요.

▲ 네 살 때의 헬렌. 어머니, 아버지, 여동생 앨리스, 오빠 알렉스와 함께.

▼ 오멘에서 크리슈나무르티와 보낸 즐거운 한때.

● 태양처럼 밝게 빛나는 아이, 헬렌

자식들을 메마르고 답답한 도시를 벗어난 곳에서 키우겠다는 부모님의 판단으로 드넓은 자연 속에서 자랄 수 있었던 헬렌은 일찍부터 자연의 신비함에 빠져들었어요.

어릴 적부터 책 읽기를 즐기던 책벌레 헬렌은 자기가 기억해 두고 싶은 문장이나 구절이 있으면 따로 적어 놓는 습

▲ 고등학교 친구들과 함께.

관이 있었어요. 이 습관은 훗날 많은 책을 낼 때 많은 도움이 되었지요.

고등학교에 가서는 이런 문학적 능력을 학교 신문 등에서 펼치며 활발한 성격 그대로 학생회 활동을 하기도 했어요. 그렇지만 한편으로는 자신만의 시간을 갖는 것을 좋아하기도 했어요.

일찍이 음악에 소질을 발휘해 이미 열두 살 때 마을 회관에서 연주회를 열 정도로 뛰어났던 헬렌은 바이올린 연주자가 되는 것이 꿈이었어요.

그것은 헬렌의 아버지가 못다 이룬 꿈이기도 했지요.

▲ 리지우드 고등학교 시절의 헬렌.

◀ 버몬트 농장에서.

● 크리슈나무르티와의 만남

▲ 크리슈나무르티

바이올린을 배우기 위해 네덜란드로 건너간 헬렌은 어머니를 따라 간 신지학회 모임에서 세계를 지도할 위대한 스승으로 선택받은 인도인 크리슈나무르티와 운명적으로 만나게 되었어요.

헬렌은 부모님의 반대를 무릅쓰고, 자신의 길이라 여겼던 바이올린도 저버리고 크리슈나무르티를 따라 세계 이곳저곳을 돌아다니게 되었어요.

정신적 자기 수양을 늘 강조한 크리슈나무르티와 달리, 헬렌의 눈에는 가난에 찌든 사람들이 자꾸만 눈에 띄었어요.

결국 크리슈나무르티와의 사랑도 시들고, 스물네 살이 된 헬렌은 다시 미국으로 돌아오게 되었지요.

▲ 고등학교 친구들과 함께. 가운데 왼쪽이 헬렌, 오른쪽이 크리슈나무르티.

스콧 니어링은 미국의 상류층 출신으로 이미 20대에 촉망받는 대학교수가 된 사람이었어요. 하지만 자신이 가진 모든 권리를 버리고 잘못된 사회의 모습을 비판하는 데 나섰어요.

스콧은 위험을 무릅쓰고 전쟁을 반대하고 노동자의 권리를 주장했지요. 이것을 위해 책을 쓰기도 하고, 여러 곳에 연설을 하며 돌아다녔지요.

결국 그 때문에 교수직에서 쫓겨나고, 가족들과도 헤어지게 되었어요. 심지어 감옥에 갈 뻔한 적도 있지요. 하지만 스콧은 자신의 신념을 굽히지 않고 계속 정부의 잘못된 정책을 비판했어요.

스물네 살에 마흔다섯 살의 스콧을 만난 헬렌은 그와 함께하기 위해 자신이 가진 것을 버리고, 뉴욕의 낡고 허름한 아파트에서 공장 생활을 하기도 했어요.

스콧의 곁에서 생활하면서 헬렌은 머리로만 하는 이웃 사랑이 아닌, 진정 자신을 버리며 인간과 생명을 존중하는 삶을 택하게 되었지요.

▲ 첫 번째 러시아 여행 중에.

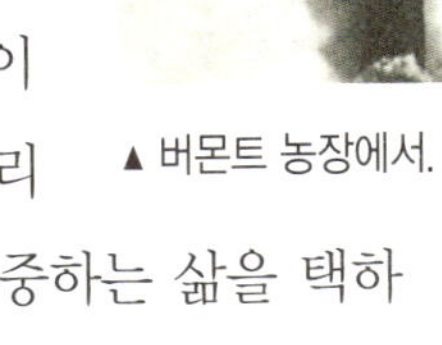

▲ 버몬트 농장에서.

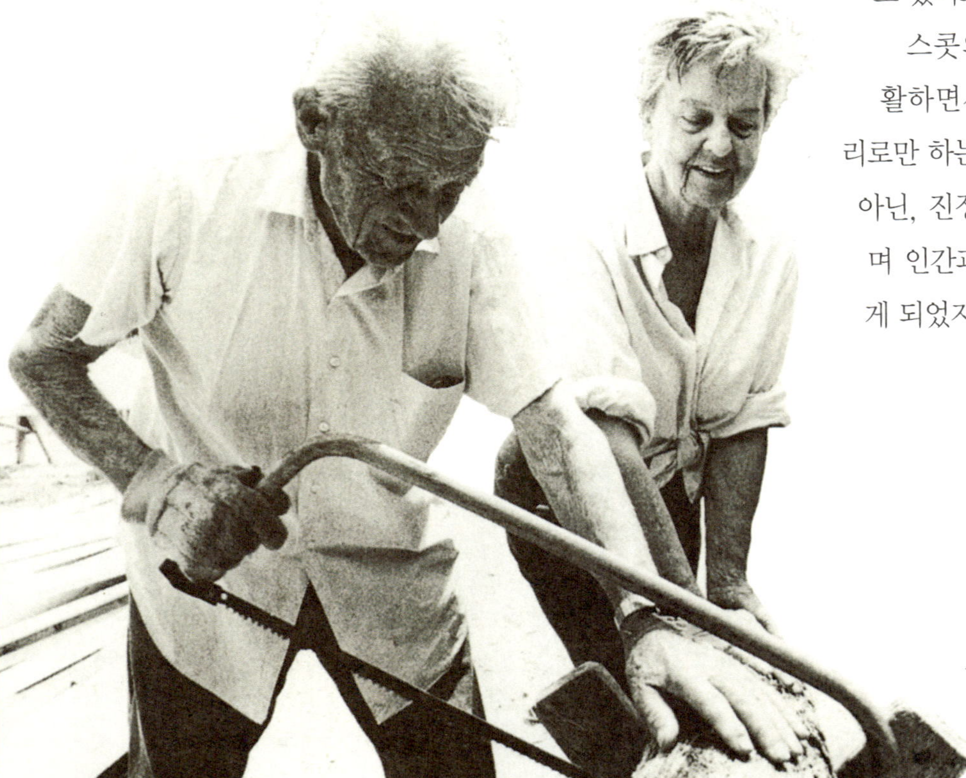

◀ 통나무를 자르고 있는 헬렌과 스콧.

● 소박하고 풍요로운 숲 속 생활

뉴욕을 떠난 헬렌과 스콧은 버몬트의 숲 속에 그들의 보금자리를 만들었어요(1932).

생활을 자연을 가꾸며 지내고, 자신이 먹고 마시는 것을 스스로 만들어 내려고 애썼어요.

그리고 자연 그대로의 방식에 따라 유기농 방식으로 모든 먹거리를 생산하는 방법을 연구하고 실천했지요.

책을 내는 데 돈이 필요하자 단풍나무 시럽을 만들기도 했어요. 그러나 돈은 자신들에게 꼭 필요한 만큼만 벌었지요.

그러다 버몬트가 관광지가 되어 물질 문명에 오염되자 그들은 다시 사람의 손이 가지 않은 메인 주의 숲 속으로 들어갔어요(1952). 그곳에서 야생 블루베리를 기르는 데 성공하기도 했습니다. 훗날 그들은 자신들이 실천한 삶의 방법을 여러 사람에게 알리기 위해 책을 쓰고, 연설을 하고 다녔어요.

버몬트의 깊은 숲 속에서 시작된 헬렌 부부의 작은 실천은 결국 전세계 사람들로 하여금 자신들의 밥상과 자신들의 생활을 돌아보게 하는 메아리가 되어 퍼져 나갔어요.

▲ 메인 주 농장 집 전경.

▲ 단풍나무 시럽을 만드는 헬렌.

▲ 메인 주 농장에서 점심 식사를 하고 있는 방문객들.

▲ 저장 식품들.

▲ 헬렌의 온실.

▲ 헬렌의 소박한 식탁.

● 환경 보호는 생명을 지키는 일이에요!

21세기에 들어와 우리 인간은 점점 풍요로운 생활을 누리게 되었어요. 그런데 우리 주변을 둘러보면 사람들이 함부로 버린 쓰레기와 자동차에서 나오는 배기 가스, 건물과 공장 등에서 쏟아져 나오는 하수와 폐수, 시끄러운 소음 등으로 환경이 병들어 가고 있어요. 아스팔트와 시멘트로 뒤덮인 도시에서는 동물들과 식물들도 살기 어렵지요.

그리고 인간은 자연을 떠나서는 살 수 없어요. 아무리 생활이 편리해져도 자연이 파괴되어 버린다면 아무 의미가 없지요. 환경을 지키는 것은 곧 우리의 생명을 지키는 거예요. 환경 보호는 지구의 모든 생명을 존중하는 것과도 통하지요.

▲ 세계자연보호기금의 상징인 판다 그림을 그리는 피터 스콧.

▲ 환경의 중요성을 일깨우는 프랑크푸르트 동물학회의 야생동물 보호 포스터. 카메룬 와자 국립공원에 전시.

● 세계의 환경 보호 단체

세계에는 환경을 보호하고 자연을 지키기 위해 활동하는 사람들이 많아요. 그 중 대표적인 단체에 대해 알아볼까요?

❶ 세계자연보호기금

전세계 회원이 3백만 명이 넘는 단체로, 1961년 동물학자 줄리언 헉슬리 경과 피터 스콧이 만들었어요. 검은코뿔소, 코끼리, 바다거북, 호랑이, 치타, 판다, 고래 등 멸종 위기에 처해 있는 동물들을 지키는 일을 해요. 그밖에 땅·바다·강·호수·공기 등 자연환경을 보호하기 위해 노력하고, 동식물 보호 구역을 만드는 데 힘쓰고 있어요.

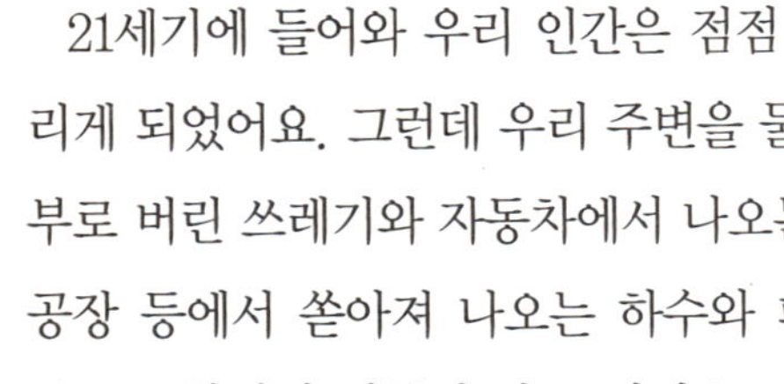

▲ 멸종 위기에 놓인 고래.

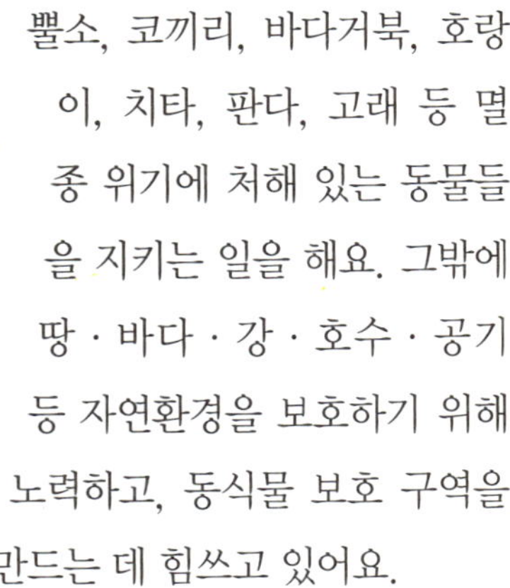

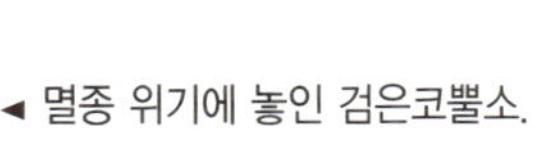

◀ 멸종 위기에 놓인 검은코뿔소.

▲ 1978년 그린피스의 자원 봉사자들이 타고 활동한 '무지개 전사호'. 배의 측면에 그려진 비둘기는 그린피스의 상징이에요.

❷ 그린피스

　이 단체는 짐 볼렌과 어빙 스토라는 사람이 1971년 미국의 핵 실험을 막기 위해 만들었어요. 현재 회원은 전 세계에 400만 명 이상이 있어요.

　위험한 오염 물질과 핵에 대항하여 싸우고, 동물을 보호하는 데에도 앞장서고 있어요. 또 전세계를 돌면서 열대림을 살리고 지구 온난화를 막는 일에 힘쓰고 있지요.

　• 지구 온난화란?
　인류가 지구상에 출현한 이후 지구에는 네 번의 빙하기와 간빙기가 있었어요. 마지막 빙하기는 약 1만 2천 년 전에 끝나고 지금은 간빙기의 마지막 단계라고 알려지고 있지요. 이러한 추세라면 지금은 기온이 내려가는 것이 자연스러운데, 이상하게도 기온이 점점 상승하고 있어요. 이와 같이 지구의 대기 온도가 점점 높아지는 현상을 지구 온난화라고 해요. 지구 온난화 현상은 온실 기체의 증가 때문에 일어납니다. 대표적인 온실 기체로는 이산화탄소, 메탄, 이산화질소, 염화플루오르화탄소 등이 있어요.

● 녹색연합과 환경운동연합

　우리 나라에도 환경 보호에 힘쓰는 단체들이 많이 있어요. 그 중에서 환경운동연합과 녹색연합이 대표적인 단체입니다.

　인터넷 사이트에 들어가면 그곳에서 어떤 일을 하고 있는지, 환경을 보호하기 위해 우리가 어떤 일을 해야 하는지 좀더 자세히 알 수 있어요.

　지구를 살릴 수 있는 사람은 바로 지구에 살고 있는 우리들 한 사람 한 사람이에요. 지구를 살리고 자연과 조화로운 삶을 사는 것이 곧 우리 자신의 행복을 지키는 것이랍니다.

　• 인터넷 사이트

녹색연합 http://www.greenkorea.org

환경운동연합 http://www.kfem.or.kr

헬렌 니어링 (1904~1995) 연표

	헬렌 니어링의 생애	한국사 주요 사건	세계사 주요 사건
1883	미국 펜실베이니아에서 스콧 니어링 태어남.	인천항 개항.	독일 작가 F. 카프카 출생.
1904	2월, 미국의 뉴욕에서 프랭크 노드와 마리아 오브린의 둘째 딸로 헬렌 니어링 태어남.	한일의정서 체결.	러 · 일전쟁 발발.
1910	바이올린 공부를 시작함.	한일합병, 조선총독부 설치.	남아프리카 독립.
1916	무대에서 바이올린을 연주함. 이때부터 바이올린 연주자의 꿈을 지님.	박중빈, 원불교 창시.	폴란드, 독립 선언.
1921	고등학교를 졸업함. 바이올린 공부를 위해 어머니와 네덜란드로 감. 그곳에서 크리슈나무르티를 처음 만남(17세).	자유시(흑하)사변.	워싱턴 군축회의 .
1923	신지학회에서 주목받는 신자가 됨(19세).	경성 무선전신국 설치.	일본, 관동대진재.
1928	크리슈나무르티와 헤어지고 미국 뉴저지에 있는 집으로 돌아옴. 스콧 니어링을 만남. 스콧의 제안으로 힘든 공장 일을 경험함(~1929).	홍명희의 〈임꺽정〉, 조선일보에 연재 시작.	세계 최초로 발성 영화 등장. 미국 이스트만, 천연색 필름 발명. 중국의 장개석, 국민정부 주석에 취임.
1932	스콧 니어링과 버몬트로 이사 감. 유기농 농장을 시작함.	이봉창 · 윤봉길 의거.	상하이 사변 발발.
1952	버몬트를 떠나 메인으로 이사 감.	한국 휴전 회담서 유엔 측 무기한 휴전 통고.	미국, 수소폭탄 실험에 성공.
1954	스콧과 함께 〈조화로운 삶〉을 출판함. '사회과학연구소' 를 설립함.	유네스코 한국위원회 발족.	유엔총회서 원자력 평화이용 공동결의안 제출.
1979	〈조화로운 삶의 지속〉을 출판함. 〈조화로운 삶을 위한 간소한 식사법〉을 출판함.	박정희 대통령 피격 · 사망(10.26), 12 · 12사태.	미국 · 중국 국교정상화.
1983	남편 스콧 니어링이 100세의 나이로 사망함.	KAL기 피격, 아웅산 폭발사건.	미국이 유네스코 탈퇴를 공식 발표.
1991	〈아름다운 삶, 사랑 그리고 마무리〉를 출판함.	남 · 북한 국제연합 동시 가입.	소비에트 연방 해체.
1995	교통사고로 사망함. 현재 니어링 부부를 기념하는 '굿라이프센터 (The Good Life Center)' 가 있고, 니어링 부부의 삶을 본받으려는 사람들이 공동체를 이루며 살고 있음.	서울 삼풍 백화점 붕괴.	르완다, 교전 재개.

① 헬렌은 바이올린을 아주 잘 연주했지요. 헬렌이 특히 좋아한 음악가는 누구일까요?

② 헬렌이 고등학교를 졸업한 후 어머니와 유학을 간 나라는 어디일까요?

③ 헬렌은 인종, 피부색에 상관없이 형제애를 강조하는 종교 단체에서 활동했습니다. 인도 아디아르에 본부를 둔 이 종교 단체의 이름은 무엇일까요?

④ 헬렌은 열일곱 살에 첫사랑에 빠집니다. 그래서 아버지를 많이 실망시켰지요. 헬렌은 그를 도와 호주와 인도를 여행하기도 했습니다. 이 사람의 이름은 무엇일까요?

⑤ 1928년 헬렌은 스콧 니어링을 만났습니다. 헬렌과 스콧은 서로 존경했지만 헬렌이 스콧에게 아주 매섭게 혼난 적이 있습니다. 혼난 이유를 짧게 써 보세요.

⑥ 니어링 부부는 버몬트 농장에서 유기농 농사를 시작하지요. 유기농 농사란 무엇일까요?

⑦ 헬렌은 버몬트 농장에서 아주 특별한 시럽을 만듭니다. 그 사업으로 책을 만들 돈을 마련할 수 있었지요. 그 사업은 어떤 것인가요?

⑧ 헬렌은 남편과 함께 많은 책을 썼습니다. 그 중 니어링 부부를 세계적으로 유명하게 만든 책 두 권의 이름을 써 보세요.

⑨ 음식에 대한 헬렌의 생각 중 가장 기억에 남는 부분을 써 보세요.

⑩ 헬렌의 삶을 읽으면서 무엇을 느꼈나요?

〈교과서 큰 인물 이야기〉 교과 수록 및 연계표

테마	권	작품	교과 수록 및 연계
의지와 기상	01	광개토대왕	초등학교 읽기 5-1 8.함께하는 세상 166쪽, 사회과 탐구 5-1 1.하나 된 겨레 20쪽, 중학교 역사(상) Ⅱ.삼국의 성립과 발전, 대교 42쪽
	02	을지문덕	초등학교 사회과 탐구 5-1 1.하나 된 겨레 28쪽, 중학교 역사(상) Ⅲ.통일 신라와 발해, 두산동아 71쪽
	03	계백	중학교 역사(상) Ⅲ.통일 신라와 발해, 대교 78쪽
	04	김유신	초등학교 사회과 탐구 5-1 1.하나 된 겨레 30쪽, 중학교 역사(상) Ⅲ.통일 신라와 발해, 두산동아 74쪽
	05	강감찬	초등학교 듣기·말하기·쓰기 4-2 2.하나씩 배우며 34쪽, 중학교 역사(상) Ⅳ.고려의 성립과 발전, 두산동아 104쪽
	06	이순신	초등학교 듣기·말하기·쓰기 4-2 5.정보를 모아 94쪽, 사회과 탐구 5-1 3.유교 전통이 자리 잡은 조선 102쪽
	07	알렉산더	중학교 역사(상) Ⅶ.통일 제국의 형성과 세계 종교의 등장, 대교 235쪽
	08	나폴레옹	초등학교 생활의 길잡이 3-2 1.소중한 나 17쪽
	09	칭기즈 칸	중학교 역사(상) Ⅸ.교류의 확대와 전통 사회의 발전, 대교 288쪽
지혜와 용기	10	장보고	초등학교 읽기 4-2 5.정보를 모아 98쪽, 사회과 탐구 5-1 1.하나 된 겨레 34쪽, 중학교 역사(상) Ⅲ.통일 신라와 발해, 대교 96쪽
	11	왕건	초등학교 사회과 탐구 5-1 2.다양한 문화를 꽃피운 고려 44쪽, 중학교 역사(상) Ⅳ.고려의 성립과 발전, 두산동아 98쪽
	12	최영	초등학교 생활의 길잡이 4-1 1.바른 마음 곧은 마음 24쪽, 사회과 탐구 5-1 3.유교 전통이 자리 잡은 조선 76쪽, 중학교 역사(상) Ⅴ.고려 사회의 변천, 대교 167쪽
	13	정약용	초등학교 생활의 길잡이 3-2 1.소중한 나 17쪽, 도덕 5 1.최선을 다하는 삶 19쪽, 사회과 탐구 5-2 1.조선 사회의 새로운 움직임 28쪽
	14	세종대왕	초등학교 사회과 탐구 5-1 3.유교 전통이 자리 잡은 조선 83쪽, 읽기 6-2 5.언어의 세계 125쪽
	15	황희	초등학교 생활의 길잡이 4-2 3.따스한 손길 행복한 세상 57쪽
	16	성삼문	중학교 역사(상) Ⅵ.조선의 성립과 발전, 미래엔컬처그룹 178쪽
	17	이항복	초등학교 읽기 4-1 6.의견을 나누어요 115쪽
	18	신채호	초등학교 사회과 탐구 5-2 2.새로운 문물의 수용과 자주독립 67쪽, 중학교 역사(상) Ⅲ.통일 신라와 발해, 대교 80쪽
자유와 인권	19	링컨	초등학교 도덕 4-1 1.바른 마음 곧은 마음 13쪽, 생활의 길잡이 4-1 1.바른 마음 곧은 마음 24쪽, 읽기 4-2 3.서로 다른 의견 49쪽
	20	간디	초등학교 생활의 길잡이 3-1 5.나라를 사랑하는 마음 98쪽, 도덕 6 4.서로 배려하고 봉사하며 79쪽, 중학교 국어 1-2 4.체험과 깨달음, 디딤돌 125쪽
	21	전봉준	초등학교 사회과 탐구 5-2 2.새로운 문물의 수용과 자주독립 43쪽
	22	안중근	초등학교 읽기 5-2 2.사건의 기록 46쪽, 사회과 탐구 5-2 2.새로운 문물의 수용과 자주독립 37쪽
	23	마틴 루터 킹	초등학교 사회 6-2 1.우리나라의 민주 정치 41쪽, 듣기·말하기·쓰기 6-2 6.생각과 논리 122쪽, 중학교 도덕 1 Ⅲ.나의 삶과 국가, 두산동아 195쪽
	24	만델라	초등학교 생활의 길잡이 3-1 5.나라를 사랑하는 마음 98쪽, 고등학교 사회 Ⅷ.정치 과정과 참여 민주주의, 법문사 240쪽
	25	김구	초등학교 사회과 탐구 5-2 2.새로운 문물의 수용과 자주독립 37쪽, 듣기·말하기·쓰기 6-1 6.타당한 근거 112쪽
	26	유관순	초등학교 도덕 3-1 5.나라를 사랑하는 마음 99쪽, 읽기 5-1 8.함께하는 세상 170쪽, 사회과 탐구 5-2 2.새로운 문물의 수용과 자주독립 37쪽
	27	안창호	초등학교 도덕 3-1 5.나라를 사랑하는 마음 99쪽, 사회과 탐구 5-2 2.새로운 문물의 수용과 자주독립 37쪽, 읽기 6-2 3.문제와 해결 78쪽
예술과 창조	28	신사임당	초등학교 생활의 길잡이 4-1 2.내 일은 내가 하기 40쪽, 중학교 역사(상) Ⅵ.조선의 성립과 발전, 대교 197쪽
	29	김홍도	초등학교 읽기 4-2 2.하나씩 배우며 32쪽, 중학교 역사(상) Ⅵ.조선의 성립과 발전, 대교 199쪽
	30	이중섭	초등학교 듣기·말하기·쓰기 6-2 1.문학과 삶 14쪽
	31	레오나르도 다 빈치	중학교 역사(상) Ⅷ.다양한 문화권의 형성, 대교 279쪽
	32	모차르트	초등학교 음악 6 1.나가자! 달리자!, 금성출판사 13쪽, 중학교 음악 1 5.자연을 노래하는 우리, 금성출판사 74쪽
	33	베토벤	초등학교 생활의 길잡이 4-1 2.내 일은 내가 하기 47쪽, 중학교 도덕 2 Ⅳ.문화와 도덕, 미래엔컬처그룹 265쪽
	34	슈베르트	중학교 음악 1 6.서정을 노래하는 우리, 금성출판사 88쪽
	35	안데르센	초등학교 듣기·말하기·쓰기 6-1 국어 교실 함께 가꾸기 146쪽
	36	셰익스피어	고등학교 문학(상) Ⅱ. 문학의 수용, 미래엔컬처그룹 92쪽, 문학(하) Ⅹ.한국 문학과 문화, 교학사 307쪽
	37	톨스토이	초등학교 읽기 4-2 4.이럴 때는 이렇게 74쪽, 읽기 5-2 6.깊은 생각 바른 판단 158쪽, 중학교 도덕 3 Ⅰ.삶의 목적, 중앙교육진흥연구소 42쪽
	38	스필버그	고등학교 문학(상) Ⅴ.극문학의 수용과 창작, 태성 310쪽